公平与卓越的博弈

——美国高中与高等教育政策衔接研究

杨奕枫 著

南京大学出版社

图书在版编目(CIP)数据

公平与卓越的博弈：美国高中与高等教育政策衔接研究 / 杨奕枫著. — 南京：南京大学出版社，2020.1
ISBN 978-7-305-22897-1

Ⅰ. ①公… Ⅱ. ①杨… Ⅲ. ①高等教育－教育政策－研究－美国 Ⅳ. ①G649.712.0

中国版本图书馆 CIP 数据核字(2020)第 000184 号

出版发行	南京大学出版社		
社　　址	南京市汉口路 22 号	邮　编	210093
出 版 人	金鑫荣		

书　　名　公平与卓越的博弈
　　　　　——美国高中与高等教育政策衔接研究
著　　者　杨奕枫
责任编辑　陈　佳　　　　　　　编辑热线　025-83592193
照　　排　南京南琳图文制作有限公司
印　　刷　南京玉河印刷厂
开　　本　880×1230　1/32　印张 7　字数 198 千
版　　次　2020 年 1 月第 1 版　2020 年 1 月第 1 次印刷
ISBN 978-7-305-22897-1
定　　价　40.00 元

网　　址　http://www.njupco.com
官方微博　http://weibo.com/njupco
官方微信　njupress
销售热线　025-83594756

* 版权所有，侵权必究
* 凡购买南大版图书，如有印装质量问题，请与所购图书销售部门联系调换

目 录

第一章 导 论 …………………………………………… 1

第一节 研究缘起与选题意义 ………………………… 1
　一、研究缘起 ………………………………………… 1
　二、选题的意义 ……………………………………… 2
第二节 概念界定和文献综述 ………………………… 4
　一、概念的界定 ……………………………………… 4
　二、相关文献综述 …………………………………… 10
第三节 研究方法 ……………………………………… 24
　一、文献法 …………………………………………… 24
　二、历史研究法 ……………………………………… 24
第四节 研究的创新 …………………………………… 25
本章小结 ………………………………………………… 25

第二章 美国高中教育与高等教育衔接政策研究的理论支撑和模型选择 …………………………………………………… 27

第一节 政策分析的概念界定 ………………………… 27
　一、政策的概念 ……………………………………… 27
　二、政策分析 ………………………………………… 32
第二节 政策分析模型的选择 ………………………… 42
　一、渐进主义理论 …………………………………… 43
　二、多源流理论 ……………………………………… 46

1

三、两种理论的关系解读与结合互补 …………………… 49
四、两种模型的综合对美国高中教育与高等教育政策衔接的适用性 ……………………………………………………… 51
本章小结 ……………………………………………………………… 52

第三章 美国高中教育与高等教育衔接政策的历史背景 …… 53
第一节 殖民地时期:高中教育与高等教育衔接通路狭窄 …… 54
第二节 建国前后至南北战争时期:中学功能定位冲突引发的衔接错位 …………………………………………………… 55
第三节 19世纪末20世纪初:高中教育与高等教育关系调适与衔接通路拓宽 ………………………………………… 60
一、大学对中学的考核认证项目:解决高中教育与高等教育衔接问题的最初尝试 …………………………… 61
二、《十人委员会报告》:高中教育与高等教育衔接问题的全国性解决方案 ……………………………………… 65
三、后十人委员会时期:高中教育与高等教育衔接的本地化解决方案 ……………………………………………… 70
四、初级学院的创立:高中教育与高等教育衔接链上的加固环 ……………………………………………………… 75
第四节 20世纪20年代至40年代:高中教育与高等教育课程脱节造成的衔接不畅 ……………………………………… 79
第五节 20世纪50年代至60年代:高中教育与高等教育衔接体系逐步稳定成型 ………………………………………… 86
一、课程衔接完善——AP课程进入高中课程 …………… 86
二、中学向大学的过渡环节加固:初级学院重拾转学职能,新增补救教育职能 …………………………………… 91
三、衔接高中教育与高等教育的考试机制完善:SAT和ACT考试成为美国高校认可的重要招生参考标准 ………… 93

本章小结 …………………………………………………… 95

第四章　美国高中教育与高等教育衔接政策启动的多源流分析 …………………………………………………… 97

第一节　问题源流 …………………………………… 97
一、黑人与少数族裔的贫困群体教育机会匮乏,被大学拒之门外 ……………………………………………… 98
二、大学入学学生人数激增,高等院校软硬件均无力负荷 …………………………………………………… 102

第二节　政治源流 …………………………………… 107
一、国民情绪 ………………………………………… 108
二、政权更迭 ………………………………………… 112
三、利益集团的压力作用 …………………………… 121

第三节　政策源流 …………………………………… 127
一、学者:科南特追求教育公平的教育策略 ……… 128
二、总统教育问题研究小组和政府官员 …………… 133

第四节　政策之窗开启和多源流耦合 ……………… 136
本章小结 …………………………………………………… 139

第五章　渐进主义视角下的美国高中教育与高等教育衔接政策演化 …………………………………………………… 140

第一节　美国高中教育与高等教育衔接政策的确立(20世纪60年代至70年代) ………………………… 141
一、《经济机会法》和《高等教育法》之"三元"计划(TRIO program) …………………………………………… 141
二、卡内基协会《衔接与不衔接》报告与学院高中计划和双学分课程 ………………………………………… 146

3

第二节 美国高中教育与高等教育衔接政策的修补(20世纪80年代至20世纪末) ………………………… 155
  一、《卡尔·D.帕金斯职业与应用技术法案》与"技术准备计划" ……………………………………………… 155
  二、《1998年高等教育法修正案》与"快速启动规划" …… 161
第三节 美国高中教育与高等教育衔接政策的调整(21世纪初至今) ………………………………………………… 164
  一、《不让一个孩子掉队》与"美国竞争力计划" ………… 164
  二、"力争上游计划"与《共同核心州立标准》 ………… 166
本章小结 …………………………………………………… 173

第六章 结论与思考 …………………………………… 175
第一节 主要研究结论 ……………………………………… 175
  一、美国高中教育与高等教育衔接政策的流变脉络分析 ……………………………………………………… 175
  二、美国高中教育与高等教育衔接政策的特点 ………… 180
  三、美国高中教育与高等教育衔接政策的反思 ………… 185
  四、美国高中教育与高等教育衔接政策对我国的启示 … 186
第二节 研究的创新与不足 ………………………………… 189
  一、研究的理论创新 …………………………………… 189
  二、研究的不足及未来研究展望 ……………………… 192

参考文献 …………………………………………………… 193

后 记 ……………………………………………………… 212

第一章

导 论

第一节 研究缘起与选题意义

一、研究缘起

教育是一个系统工程,其目的就是培养合格的人才。在整个教育体系中,不同的教育阶段有其各自的特点,它们相对独立,却又相互联系,相互作用,互为影响。因此,学生如何顺利完成每一个阶段的学习,升入更高的教育阶段,其实就是不同教育阶段之间如何实现良好衔接,这是公众和教育界均关注的重要问题。目前,将各教育阶段作为独立主体的研究已经较为成熟,但是各教育阶段之间衔接问题的研究相对来说还在摸索阶段。而各个教育阶段之间的衔接问题的确存在,其中最突出的矛盾是处于中学教育顶端的高中与整个教育体系顶端的大学的衔接问题。目前,我国有关高中教育与高等教育衔接问题的相关论述多以描述性研究、对策性建议为主,实证研究较少,而涉及美国高中教育与高等教育衔接政策的研究则主要集中在针对某项具体政策措施执行的描述与评价,跨时空的宏观研究较少。

在美国,高中教育与高等教育也存在脱节的问题。由于美国特殊的教育管理体制,中学的教育管理权属于州政府,而大学则相对自治,有属于自己的各项政策和措施。因此,在这一教育管理体制下的高中教育与高等教育有着各自独立的评价体系,如两条平行流淌的溪流,独立发展,互不相干。这无疑造成美国的高中教育与高等教育衔接上的诸多障碍。尤其是随着高中教育在学生数量和规模上的不断发展,以及高等教育的大众化和普及化,高中教育与高等教育的脱节现象导致学生日益增长的学业成功愿望与相对较低的学位获得率之间的矛盾,不利于培养社会发展需要的各级各类人才。为了克服这一矛盾,从20世纪五六十年代起,美国的政策制定者和教育研究者们开始系统地关注高中教育与高等教育之间的衔接性问题,寻求各种解决办法。学界对衔接问题进行了大量的研究,研究成果为教育政策的制定和推进提供了理论指引。政策制定者以学生的多元需求为基点,主要从学费负担与课程衔接两方面建立与完善政策。为了解决不断增长的学费给学生造成的负担与压力问题,政府实施了财政资助政策,以奖学金、助学金等多种策略,对学生给予经济上的和学术上的支持,对学生的多元需求给了充分的考虑,显示了美国在高中教育与高等教育衔接政策上的科学性与人文性。课程上的衔接也是政策的焦点,政府通过多种渠道鼓励中学为学生提供长期干预、具有挑战性的课程结构。美国联邦政府先后出台了多项法案,通过政策引领,激发各州、各地区和各院校的自发性力量,大大改善了高中教育与高等教育衔接不畅的状况。美国联邦政府为了解决高中教育与高等教育衔接问题从政策准备到政策的出台与实施历时半个多世纪,这一过程中有诸多值得思考的问题和有价值的研究内容,诸如美国高中教育与高等教育衔接政策如何出台?经历了何种演进的过程?其发展方向是什么?是否存在什么不足之处?本书尝试着寻求这些疑问的答案。

二、选题的意义

(一)现实意义

美国高等教育大众化向普及化发展的过程中,高中教育与高等教育断裂的问题引发了一系列教育问题,美国的高中毕业率、大学入学率和大学新生保留率走低。这给美国政府带来了巨大压力,因此高中教育与高等教育衔接不良的问题持续受到政策制定者们和教育研究者们的关注。每年国家要投入大量资金用于援助高校办学和对学术准备不充分的高中毕业生进行教育补偿等。因此,为了改变此种窘况,美国学者和政府不断探索缓解这种状况的措施,尝试通过多种途径建立"无缝教育系统"以实现高中教育与高等教育的有效衔接。对美国高中教育与高等教育衔接政策的制定与演进过程进行研究,有助于深刻理解美国在解决高中教育与高等教育衔接问题上的成功经验以及不足,提示我国在这一问题的处理上避免出现美国教育中出现过的消极现象。

目前我国高中课程实施全面改革,高等教育已经迈入大众化阶段,高中教育与高等教育阶段的教育也存在脱节的现象。纵观我国高等教育发展的历史,早期由学习日本模式开始,借鉴德国大学模式;五四运动之后开始向美国学习;新中国成立之后,20世纪50年代效仿苏联模式;改革开放以来,苏联大学教育模式对我国高校影响逐渐减弱,我国高校开始重新思考发展道路上的模式选择问题。从目前我国大学的实际情况来看,主要还是借鉴了美国大学的模式。因此,分析美国教育改革中针对高中教育与高等教育衔接问题所实施的政策及其变迁的历程,对于我国推进中等和高等教育改革的深入实施和良性运作、促进高中和大学全面有效的衔接,具有启发和借鉴意义。

(二)理论价值

本研究将多源流理论和渐进主义理论相结合,建立政策分析的综合解释框架,全面透彻地分析和梳理美国高中教育与高等教育衔接政策从无到有、从试水到发展再纠错到走向成熟的变迁过程。多源流理论对于某个问题的备选解决方案如何进入议程有很强的解释力。然而政策在出台之后往往会经历一个较为长期演进的过程。在一个相对稳定的政策系统内,政策的变革很少会呈现出断崖式的剧变,在时间长轴上前后的政策或多或少都有联系。多源流理论的遗憾就在于它在时间维度上前后关系构建的缺失,这就形成了其理论解释的空白地带。渐进主义分析模式却正是抓住了政策前后变化的内在联系,将决策过程视为对过去的政策加以修正、补充的过程。因此,多源流理论与渐进主义理论的结合便可以相互弥补缺憾。

第二节 概念界定和文献综述

一、概念的界定

对于高中教育与高等教育衔接的界定涉及两个教育阶段,而在不同的时期美国教育体系也有不同的边界。因此,对研究问题的界定,首先应当明确其基本概念的特定内涵。

(一)衔接

《新华词典》中对"衔接"一词的解释是指"事物相连接"。本书探讨的是教育领域里的"衔接",具有特定的含义。英文中的"衔接"对应的词汇包括:"articulation""transition""linkage",等。在美国政府文件和学术文献中一般以"articulation"居多。从词源学上来说,"articulation"最早是解剖学的概念,是指骨头间的连接点,即关节;在社会学里,"articulation"是指两个过程交汇互动之处;而在教育社会学里,"articulation"则有另外的定义,即两个不同层级的教育系统连接点。[1]

1. 高中教育与高等教育衔接

(1)高中教育与高等教育的关系。

高中教育与高等教育是人生教育的两个重要阶段:一方面,作

---

[1] Guy Neave. On Articulating Secondary School, Higher Education and 1992[J]. *European Journal of Education*, 1989(4): 351.

为中等教育的高级阶段,高中教育是高等教育的铺垫;另一方面,高等教育为学生继续求学提供了很多可能性。这两个教育阶段之间的关联体现在多个方面:资源的共享与流动;教育主体与客体的互动与相互影响,等等。研究高中教育与高等教育的衔接问题首先要理清高中教育与高等教育之间的关系。1973年卡内基委员会发表的报告《衔接与不衔接:高等教育与中等教育的关系》中将中等教育与高等教育的关系进行了分析(见图1.1所示)。①

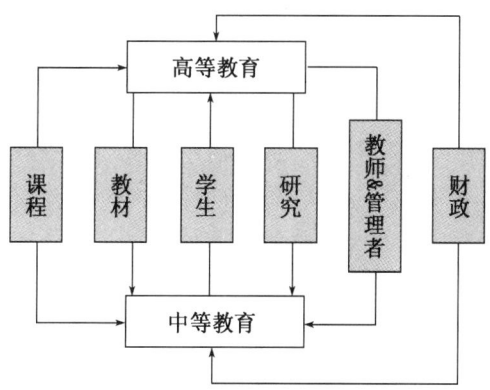

图1.1 中等教育与高等教育之关系

资料来源:Carnegie Commission on Higher Education. *Continuity and Discontinuity: Higher Education and the Schools*[M]. New York: McGraw-Hill Book Company, 1973: 3.

如图1.1所示,中等教育与高等教育的衔接体现在以下6个方面:① 中学向高校输送生源。② 中学所教授知识技能范畴的确定很大程度上取决于高校教授和学者的学科研究成果。③ 高校对中学的教材的编写也起着指挥棒的作用。④ 中学的教师以及管理者通常是由高校培养的。⑤ 中等教育与高等教育课程并

---

① Carnegie Commission on Higher Education. *Continuity and Discontinuity: Higher Education and the Schools*[M]. New York: McGraw-Hill Book Company, 1973: 3.

不是简单的输入或是输出,两者之间存在着共享关系;中学阶段、大学阶段教授的课程内容部分是有交叉甚至是重复的。⑥ 中等教育与高等教育都有财政支持,都受政策影响。由此可见,在学生、教师及管理者、教材和研究四个方面,高中教育与高等教育存在着单向的输入或输出关系;然而在课程和财政支持上,高中教育与高等教育之间不是单向影响而是共享关系。①

(2) 高中教育与高等教育的衔接内涵。

在美国有关高中教育与高等教育衔接的文献中,衔接的内涵界定有很多种。Carroll V. Newsom(1956)将衔接视为一个狭义的概念,他认为高中教育与高等教育的衔接就是在这两个教育阶段形成连贯统一的学习体系,保证高中教育与高等教育课程之间有延续性。② Robert Claude Knol(1971)将衔接看作是一个静态的概念,他将高中教育与高等教育的衔接定义为高中教育与高等教育的关联度,以中学毕业生的升学率为其衡量标准。③ Parnell(1985)在《被忽视的大多数》中也做出类似的界定。他认为衔接是指不同院校或不同教育层级间的相互关联。④ 北卡罗来纳州公共教育部(North Carolina Department of Public Instruction, NCDPI),在其制定的《北卡罗来纳州高中至社区学院的衔接协议》(*The North Carolina High School to Community College Articulation Agreement*)中将"高中教育与高等教育衔接"定义为

---

① Carnegie Commission on Higher Education. *Continuity and Discontinuity: Higher Education and the Schools*[M]. New York: McGraw-Hill Book Company, 1973: 3.

② Carroll V. Newsom. High School-College Articulation [J]. *The Journal of Educational Sociology*, 1956(5): 195-201.

③ Knol, Robert Claude. School-college Articulation: Selected Elements of High School Guidance Programs and Their Role in Articulation[D]. University of Illinois at Urbana-Champaign, ProQuest Dissertations Publishing, 1971.

④ Parnell D. *The Neglected Majority*[M]. Washington, D.C.: Community College Press, 1985: 120.

一个动态的过程,是学生从中学教育过渡到中学后教育的一个系统的、无缝连接的过程,即最大化地利用资源,减少内容的重复。[1] DeMott(1999)将这一动态过程细分成横向和纵向的移动,即衔接是指学生在正式教育体系中的横向和纵向的移动的过程,因此衔接不仅可以指不同的教育阶段之间发生关联也可以指同一个教育阶段内部的关联。[2] 也有学者将衔接视为既有动态特征又有静态特征的概念。Morrison(1959)指出衔接有两层含义:一是高中教育与高等教育之间合作;二是学生从中学进入高校的难易度。[3] Hopkins(1984)的定义则更加全面。他认为无缝衔接是教育系统的一个过程、一种态度和一个目标。作为一个过程,无缝衔接是为了让学生能在各个教育阶段平稳过渡,教育体系内部各环节/阶段之间开展的合作协调政策和实践。作为一种态度,无缝衔接是指在各个教育阶段的教育者通力合作,开发学生最大的潜能。作为一个目标,建立无缝衔接可以将每个学生的教育经历连成一股不停流淌的溪流,只是每股溪流流淌的速度不一样;在整个过程中,可以减少学分的损失,避免进行补救或是延误以及不必要的重复劳动。[4] Kelly(2015)指出高中教育与高等教育衔接是指学生成功进入大学,并分析了影响高中教育与高等教育衔接的主要变量,即

---

[1] North Carolina Department of Public Instruction (NCDPI). North Carolina High School to Community College Articulation Agreement [EB/OL]. http://www.ncpublicschools.org/docs/cte/publications/administrative/articulation_agreement.pdf 2016-10-28.

[2] J. DeMott. Seven Steps to Articulation Success[J]. *High School Magazine*, 1999(6):22-24.

[3] D. G. Morrison. Articulation of the High School and the Public Community Junior College in the United States[J]. *Nassp Bulletin*, 1959, 43(248):102-107.

[4] Hopkins, Stanley Edward. Articulation between Vocational and Technical Education Programs Governed by the Ohio Board of Regents and those programs governed by the Ohio Board of Education[D]. Ohio State University, 1984.

个人、家庭、学业以及经济四个方面的因素。①

在我国,教育衔接问题是由教育家余立在20世纪80年代最先提出的。张弦和马勇军在《近十年有关教育衔接研究的硕博论文》一文中,综合各家观点对教育衔接给出了如下定义:"教育衔接是指各教育阶段在维持彼此独立性的前提下加强沟通与联系,以促进整个教育体系的系统性,使之成为一个有机的紧密联系的整体。"并将教育衔接按照学段划分为:"学前与小学的幼小衔接,小学与初中的小初衔接,初中与高中的初高衔接,高中与大学的高升大衔接,专科中的中高职衔接以及专科与本科的衔接。"②

综合上述各种界定,本书将高中教育与高等教育的衔接定义为学生(尤其是高中)从中学向高校的过程,具有动态性的本质特征。由于美国高校呈现出多元化和多层次的特点,因此,在界定高中教育与高等教育衔接概念时,也应明确高等教育的所指的范畴。根据卡内基教育促进基金会(Carnegie Foundation for Advancement Teaching)提出的美国高校分类标准,美国高校分为以下几个类别:① 授予博士学位的/研究型大学(Doctoral/Research Universities)、② 授予硕士学位的大学(Master's Colleges and Universities)、③ 本科大学/学院(Baccalaureate Colleges)、④ 两年课程证书/大专文凭(Associate's Colleges)、⑤ 特殊教育机构(Specialized Institutions)、⑥ 部落大学/学院

---

① Kelly A. Minor. Assets and Access: An Examination of the Transition from High School to College[D]. Boston College, 2015.
② 张弦,马勇军.近十年有关教育衔接研究的硕博论文[J].吉林省教育学院学报,2015(4):13-15.

(Tribal Colleges and Universities)。① 这六类高校共同构成了美国高等教育体系,面对不同的学生群体提供不同的高等教育入口和机会。由于与中学教育直接关联的高等教育阶段分为提供两年制副学士学位的专科教育或四年制学士学位的本科教育,因此本书将高校的概念限定为本科及以下的高等教育阶段,即两年制学院或四年制本科大学/学院。在学生从高中教育阶段向高等教育阶段移动的过程中,由于教育终点不同,存在着多条移动路径。

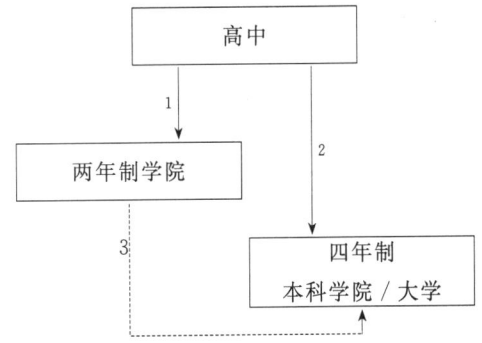

图 1.2　高中教育与高等教育衔接情况

如图 1.2 所示,高中教育与高等教育的衔接包含两种情况:一种是纵向的移动,即从高中向两年制学院或四年制本科学院/大学移动(1 和 2);另外一种情况是既有纵向又有横向的移动,即从高中向两年制学院移动,然后可以选择在高等教育系统内部完成横向从两年制学院向四年制本科学院/大学的移动(1 和 3)。本书中

---

① 美国部落学院与大学是美国原住民高等教育与职业教育体系的主体,是美国两年制社区学院体系中独具特色的一个类型。按照美国相关法令法规,部落学院与大学是由原住民部落负责管治的一类特殊的民族高等(职业)院校,肩负着三个重要使命,即保护与传承部落(民族)文化,加强民族认同感;服务当地社区,促进经济社会发展;培养高级应用型人才,打造训练有素的技术技能型人才。部落学院/大学授予学位以副学士居多,修学士学位课程的大部分学生最终都无法完成学业。他们的学术基础差,而且年龄大有家庭负担,或者他们所在的社区没有传统的正式教育。

研究的美国高中教育与高等教育教育衔接主要聚焦于第一种情况,即中学与两年制学院或四年制本科院校的衔接。而本书中所使用的"大学"一词,并非仅指四年制本科院校,而是代指所有两年制学院和四年制本科院校。

从上述的研究论述来看,高中教育与高等教育的衔接是一个动态的过程,课程和财政是影响这种动态关系的两个重要因素,因此政府在解决高中教育与高等教育衔接问题时所采取的政策和具体措施也主要集中在课程和财政两方面。

二、相关文献综述

(一)美国学者的相关研究

1. 有关美国高中教育与高等教育衔接的政策文本

20世纪60年代后,美国联邦政府相继颁布和实施了一系列和高中教育以及高等教育相关的政策,如1964年的《经济机会法》(*Economic Opportunity Act*),1965年的《高等教育法》(*Higher Education Act*),1990年的第二版《帕金斯法》[*the Carl D. Perkins Vocational and Applied Technology Act* (*Perkins* Ⅱ)],1998年的第三版《帕金斯法》[*the Carl D. Perkins Career and Technical Education Act of 1998* (*Perkins* Ⅲ)],《1998年高等教育法修正案》(*1998 Amendments to Higher Education Act of 1965*),2002年的《不让一个孩子掉队法》(*No Child Left Behind Act*),2006年的第四版《帕金斯法》[*the Carl D. Perkins Career and Technical Education Act of 2006* (*Perkins* Ⅳ)],以及2015年的《让每个孩子成功法案》(*Every Student Succeeds Act*)。

这些教育法案中,高中教育与高等教育衔接是其中一个重要的内容,例如1964年《经济机会法》中提出了第一个大学准备计划,即"向上跃进"计划(Upward Bound),其目标在于为低收入家庭中学阶段学生提供经济资助,帮助他们大学升学准备。此后的法案陆续推出了一系列大学准备计划项目以及其他有助于高中教育与高等教育顺畅衔接的策略。这些政策文本资料为本书的写作提供了非常宝贵的材料。

2. 有关美国高中教育与高等教育衔接情况的政府与民间机构的报告

在美国高中教育与高等教育教育衔接政策发展中,美国教育统计中心、非营利性民间组织——成就公司(Achieve Inc)、美国大学测验组织机构(ACT)以及美国大学理事会(College Board)等都发挥了重要的作用。20世纪60年代以来,美国教育统计中心(NCES)主要通过高等教育总体信息调查(HEGIS)以及后来的中等后教育系统综合调查(IPEDS),对高等教育的学生、教师、课程、财政等议题进行了大量调查。NCES简报不少都是每年出版一次,如《教育统计摘要》《教育概况》《教育统计规划》。该中心也会发布不定期报告。本书中的部分文献来自NCES的官方网站(https://nces.ed.gov/)。2004年,美国非营利性民间组织——成就公司(Achieve Inc)与教育信托公司(the Education Trust)和托马斯·B.福特汉姆基金会(the Thomas B. Fordham Foundation)合作,共同开展了美国文凭项目(The American Diploma Project)研究。"美国文凭项目"是近30州的一个联盟,致力于让幼稚园到12年级的课程跟大学与职业的需要密切结合。成就公司每年都会发布题为《弥合期望差距》(*Closing the Expectations Gap*)的年度报告,公开评价该计划的施行成效。ACT和SAT是美国两项标准化的大学入学考试。美国大学测验组织机构(ACT)自2011年开始便每年都会发布大学准备度的年度报告;而美国大学理事会(College Board)也自2013年开始发布关于大学准备度的SAT年度报告。ACT和SAT的年度报告均通过对每年美国各州ACT/SAT成绩进行汇总分析,扫描全美高中毕业生的大学入学状况,对过往年度采取的提升大学准备度的政策措施进行评价,并提出相关的建议。这些报告也为本书的写作提供了有价值的文献参考。

3. 对高中教育与高等教育衔接问题所做的研究

(1) 高中教育与高等教育衔接问题的理论研究。

首先,在美国高中教育与高等教育衔接政策形成时期,理论界开始对影响中学过渡到大学的因素进行研究,研究主要集中在学生的家庭经济条件,学生自身的能力以及家长的受教育程度与支持对升学选择的影响。1961年,James Coleman对六所中西部高中的612名学生进行调查,研究结果显示,学生家庭的社会经济地位(SES)对大学升学影响最大。[①] 1977年,W. B. Peters在对一批能力高的学生进行研究之后发现:这些能力高的学生升入大学的概率是能力低的学生的8倍。这也证明学生的能力对大学升学有着重要影响。学界的研究成果为政府制定政策提供了理论依据。1981年M. E. Conklin和A. R. Dailey对2 700名高中生进行三年追踪调查,通过数据分析研究之后发现,家长的鼓励程度越高,学生越有可能升入四年制和高选择性的大学[②]。Hossler和Stage经研究发现:家长的受教育程度对学生产生大学升学意向的影响力要超过家庭经济地位以及学生自身的能力;同时,家长对学生中学后教育行为的支持与鼓励程度直接影响着学生大学升学的概率。这些实证研究的结果为政府的高中教育与高等教育衔接政策的制定提供了理论依据。进入21世纪,关于高中教育与高等教育衔接的理论研究日趋成熟,学界开始将"大学准备"(college readiness)视为研究高中教育与高等教育衔接问题的核心概念。"大学准备"被明确界定,其内涵也逐渐丰富、完善。"大学准备",是指学生能被大学录取,不需要参加补救课程(remedial course),并且能顺利修完大学学分课程的能力准备。"大学"则是泛指向合格学生授予副学士或学士学位的两年制、四年制高校。在众多研

---

① Edward L. McDill, James Coleman. Family and Peer Influences in College Plans of High School Students[J]. *Sociology of Education*, 1965(2): 112–126.

② 高选择性的大学通常是指那些录取要求很高的名校。

第一章 导 论

究者中，David Conley 的观点相对有代表性并且为学术界广泛认可。2007 年，David Conley 提出了"大学准备"的四个要素模型，认为"大学准备"作为一个多元的概念，其中包括四个维度的知识和能力的准备，即关键认知策略(key cognitive strategies)、关键学科知识(key content knowledge)、学术行为(academic behavior)和情境知识与技能(contextual skills and knowledge)。[1][2]

但是"大学准备"概念的提出与界定仍无法解决美国高中教育与高等教育的目标定位上的困扰：其目标到底是为大学准备还是为职业生涯准备？对两者关系的处理方式直接决定了中学的定位。自 20 世纪 20 年代开始，美国高中实行分轨制教育，一些大的学区将高中分成两类："学术轨"的普通综合性中学，招收有大学升学意向的学生；而"职业轨"的职业中学，教育对象则是毕业后直接就业的学生。一些综合性中学内部也按学业表现水平将学生分流到学术类、职业类等不同课程体系。为职业生涯准备被视为学业的终结，与大学升学脱离了关系。然而大学准备与职业生涯准备这两个起初割裂、独立的概念在进入 21 世纪后得到了和解。2010 年，Conley 在《大学与职业生涯准备》一书中指出，"大学准备"与"职业生涯准备"并不矛盾，它们所涵盖的知识与技能准备有着很多共通之处。他将"大学准备"(college readiness)与"职业生涯准备"(career readiness)两个概念进行合并，并将"大学与职业生涯

---

[1] D. Conley. Toward a More Comprehensive Conception of College Readiness [EB/OL]. http://docs.gatesfoundation.org/documents/collegereadinesspaper.pdf. 2016-3-8.

[2] 认知策略指的是与大学成功相关的认知与元认知能力，如分析、诠释、解决问题的能力和推理能力。学科知识是指为完成大学学业而必备的学科内容知识以及如何学习知识，如能批判性地阅读文献，能科学地思考问题，能恰切地运用理论，能进行合理的论证，等等。学术行为指的是在学术情境下学习者能取得优异表现的观念以及行为，如学习技巧、时间管理，甚至包括为了完成短期或长期的目标坚持不懈的能力。情境知识与技能，或称之为情境意识与技能，通常是指成功申请大学所需要了解的信息以及大学的文化。

准备"(college and career readiness)定义为,学生具备了不参加补救课程,成功修完大学学业或成功完成有助于未来职业发展的高质量的文凭课程项目的能力准备。而"大学与职业生涯准备"概念中的"职业生涯准备"不是指为就业所做的知识和技能上的准备,而是指在职业生涯中能进行自主学习所需要的基础知识和学习策略。Conley认为,高中阶段将学生分流成升学导向与职业导向这一举措的弊端已凸现。中学阶段教育分流,学生接受不同的课程,导致了学生间的分层,这使得他们形成不平等的职业和生活选择。同时,为了保证毕业率,高中阶段的学业强度低,毕业的学业要求较低,这使得高中毕业生的知识与能力水平饱受诟病。此外,21世纪宏观经济环境对人才提出了更高层次的要求,所以中学阶段的教育目标,应该兼顾提高学生的学习与认知能力,以适应大学学业与未来就业的双重要求。[①]"大学与职业生涯准备"概念的确立抓住了高中教育与高等教育衔接上的中学定位的这一瓶颈,成为中学与大学衔接问题研究的核心概念。因此,理论研究的深入发展带领大众和政策制定者走出认识误区,为美国政府制定合适的高中教育与高等教育衔接政策提供了指导。

(2) 高中教育与高等教育衔接问题的其他相关研究。

在美国高中教育与高等教育衔接体系逐步完善的过程中,院校开展了很多帮助学生高中教育与高等教育顺畅衔接的项目,又称为"大学准备项目"(college readiness program),各级政府出台了相应的政策对这些项目给予了人力和财力上的支持。在这些项目实施之后,有大量的研究面世。但是其中以对策性建议、综述性或描述性的研究为主,对于项目的实施效果评估类的研究并不多。从研究的内容和特点来看,这为数不多的研究成果主要可分为两大类:第一类,是针对不同时期的个案研究,其重点是个别项目的

[①] D. T. Conley. *College and Career Ready: Helping all Students Succeed Beyond High School* [M]. San Francisco: Jossey-Bass. 2010: 1-4.

内容和实施效果分析;第二类,是对全国范围内的项目进行综合性调查研究。这些研究调查结果既有正面评价也有负面评价。

第一,有关高中教育与高等教育衔接政策与项目的个案研究。

大部分的个案研究将学术成就(academic achievement)和学业保留度(freshman retention)作为评价的标准。通常这些评估研究的时间跨度较短,一般都是在项目结束后立即开展评估调查,或最晚在项目结束一个学期之后。按照项目的内容和服务对象,个案研究可分为:课程类项目研究和财政资助和指导类项目研究。大学准备的课程针对不同的学生群体和需求主要有补救课程、大学先修课程(AP课程)和双学分课程。

补救课程的评估研究结果基本都是正面评价,无论是在学术成就还是在学业保留度上都显示补救课程对帮助学生完成与大学衔接并顺利毕业有积极的影响。其中比较有代表性的是J. Milton Clark 对473名在大学入学测试中成绩垫底的学生开展的一个包括补救课程、学术指导课程等在内的综合学习体验项目的调查。这个项目开展的时间为一年,但Clark在项目结束后对这些学生进行了为期三年半的跟踪调查,这也是为数不多的一项学者自主性长期追踪研究。研究结果显示在学业保留率和GPA这两项传统指标上这个大学准备项目是起着一定积极正面作用的,但是效果并不太明显。[1]

在评价AP课程实施效果方面,研究结果则呈现出鲜明对比的两种观点:一种是肯定观,另一种是否定观。有关AP课程评价的研究,一大部分是美国大学理事会(college board)支持并推出的,其中具有代表性的有1986年Willingham和Morris的《四年之后:AP课程学生大学追踪调查》,2000年Morgan, Rick,

---

[1] Milton Clark, J. and Diane F. Halpern. The Million Dollar Question: Can an Intensive Learning Experience Help Lowest-quartile Students Succeed in College? [J]. *Journal of Instructional Psychology*, 1993(1): 29–39.

Behroz Maneckshana 的《AP 课程学生在大学：有关课程参与模式和大学专业之调查》，2007 年 Hargrove，Linda，Donn Godin，Barbara Dodd 的《AP 课程学生与未参加 AP 课程学生之大学表现之比较》等。由于美国大学理事会是 AP 课程的主办方，它所推出的研究成果必然具有正面褒奖和颂扬的目的，所以其结论也都是肯定性的评价。在数量有限的持负面观的研究中，代表性的研究是 2009 年 Kristin Klopfenstein 和 M. Kathleen Thomas 发表的《AP 课程经历与大学入学初期成功之联系》。该研究的调查对象是 1991 年秋季升入得克萨斯州 21 所公立四年制大学的 28000 名德州高中毕业生，大学入学初期成功的评估标准是从入学开始到第二学年学业保留情况和第一学期 GPA 的情况。调查结果显示，三门最受追捧的 AP 课程，即微积分、英语和历史对于学生第一学期的 GPA 没有任何影响，这就表明参与 AP 的核心课程并不能提高大学入学初期的成功率；仅参加 AP 课程的学习对学生大学学业保留的影响非常有限，但倘若高中生除了参加 AP 课程之外还参加其他一些学术难度较高的课程，那么这类学生大学学业保留率较高。因此，该研究提出了相应的政策性建议，不要盲目地在全美高中大力推广 AP 课程，因为 AP 课程对于天资优异的学生来说无疑可以提高他们大学学术成就，但对于那些高中课程内容尚无法完全掌握的学生，AP 课程对他们今后学业的影响是未知数。建议政策制定者不要过度放大 AP 课程对大学成功的影响力，而应当加强高中阶段数学与科学课程的教学质量。[①]

关于双学分课程项目的成效评估的研究并不多，但有限的研究成果均显示双学分课程能够提高学生大学升学与成功的机会。其中规模较大的有代表性的实证研究成果是 2007 年美国国家生

[①] Kristin Klopfenstein, M. and Kathleen Thomas. The Link between Advanced Placement Experience and Early College Success[J]. *Southern Economic Journal*, 2009 (3): 873-891.

涯与技术教育研究中心(National Research Center for Career and Technical Education)发表的《参与双学分课程学生大学成功率研究：两个州的分析报告》(*The Postsecondary Achievement of Participants in Dual Enrollment: An Analysis of Student Outcomes in Two States*)。该研究对佛罗里达州和纽约市的高中职业教育类学生展开了从高中到大学的追踪调查，分析参加双学分课程对于学生大学升学率与成功率的影响。研究结果表明，双学分课程对职业教育类高中学生的大学升学、大学学术成就以及大学成功毕业均有正面的影响。因此，该报告提出了政策性建议，应当积极推广双学分课程，并且鼓励更多学生群体的参与，为低收入家庭的学生提供双学分课程学费的资助。①

对于财政资助项目的研究结果显示，此类项目的成效得到一致的正面评价。例如，1999年，Myers和Schirm的《"向上跃进"计划全国性评价研究》对1500名参与"向上跃进"(Upward Bound)计划项目的学生和1200名参加同类其他67个大学准备项目的学生进行了调查，对比分析发现，参与"向上跃进"计划项目时间越长，大学升学的机会就越大；"向上跃进"计划项目对于原本大学升学愿望弱的学生有更大的帮助，增加他们大学升学的概率。② 2012年Jennifer Merriman Bausmith和Megan France的《"快速启动"规划对低收入学校学生大学准备度之影响力》对参加"快速启动"规划的173所学校进行了为期六年的调查(2003—2009)，将这些学校学生的大学准备度和大学成功率与未参与"快

---

① Melinda Mechur Karp, Juan Carlos Calcagno, Katherine L. Hughes, et al. The Postsecondary Achievement of Participants in Dual Enrollment: An Analysis of Student Outcomes in Two States [EB/OL]. http://ccrc.tc.columbia.edu/media/k2/attachments/dual-enrollment-student-outcomes.pdf, 2016-1-1.

② D. Myers, A. Schirm. The National Evaluation of Upward Bound The Short Term Impact of Upward Bound: An Interim Report [EB/OL]. Washington, D.C.: U.S. Department of Education, Office of the Undersecretary. http://files.eric.ed.gov/fulltext/ED414849.pdf, 2016-2-28.

速启动"项目的学校做对比,结果显示,在大学理事会主办的三类考试,即 SAT,PSAT/NMSQT 和 AP 考试中,参加"快速启动"规划的学校的学生成绩明显优于未参与"快速启动"规划的学校。①

第二,有关高中教育与高等教育衔接政策与项目的综合性评价研究。

对美国高中教育与高等教育衔接政策与项目进行综合性梳理与评价的研究为数不多。其中最早的研究成果是 2001 年 Patricia Gándara 和 Deborah Biel 撰写的《为中学后教育铺平道路:弱势群体 K-12 干预项目调查报告》。该报告指出美国有几千个针对弱势群体的大学准备项目,按项目发起的机构不同可以分为五大类:私营非营利性组织项目、大学项目、政府资助项目、社区项目以及 K-12 项目。研究发现,对这些项目的评估绝大多数是"描述性"的评价,列举了一系列诸如所服务的学生人数和大学入学人数或是对项目的实施进行的形成性评价;而基于实验组对照组前后测数据进行的项目终结性评价很少。通过文献整理,仅有 13 个项目有较为详细的评价数据。研究发现,对这些项目做评估的初衷并非是检视项目是否有效,而是提供一些政策性建议,因此这些评估数据大多是短期评估并非是长期追踪调查的结果,更糟糕的是这些项目在成本核算方面几乎无据可查。这些评估结果有着天生的硬伤,虽不能全面反映大学准备项目的实施现状,但也总可以窥豹一斑。报告通过对这 13 个项目评价结果的分析研究,发现所有成功的大学准备项目都具有以下特征:负责的指导老师,高质量的课程,长期的投入,对学生文化背景的关注,重视同伴效应以及经济资助。就有限的评价结果来看,这些大学准备项目都对弱势学生群体的大学升学起着积极正面的作用。但遗憾的是,这些项目通

---

① Jennifer Merriman Bausmith, Megan France. The Impact of GEAR UP on College Readiness for Students in Low Income Schools[J]. *Journal of Education for Students Placed at Risk*, 2012(4): 234-246.

常只是学校教育的补充,其实施并未能改变学校传统的教育模式等,因此其作用受限。报告建议,项目的实施带动学校教育的改革,从而更好地帮助学生完成从中学到大学的过渡。①

2006年,Jennifer Lee Schultz 和 Dan Mueller 在 Patricia Gándara 和 Deborah Biel 研究的基础上进行了更深入细化的梳理分析,发表了《提高弱势学生群体中学后教育入学与成功率项目成效研究》一文。Jennifer Lee Schultz 和 Dan Mueller 对 Patricia Gándara 和 Deborah Biel 研究中的13个大学准备项目进行了最新评估结果的整理。除此之外,Jennifer Lee Schultz 和 Dan Mueller 还分析了天才搜索(Talent Search)等其他7个大学准备项目的评估数据。其研究结果为理解这些项目的实施效果提供了更系统、更全面的视角。文中提出了大学准备项目评价的多维度指标,指出一个有效的大学准备项目需要完成以下使命:帮助学生做好学业准备、给予学生个人与社会支持与关怀、尽早进行干预、鼓励家长的参与、指导学生进行大学申请、提供长期综合性的支持、能够触发教育体系的改革、提供经济资助。该研究还发现很多大学准备项目设立的本意是针对弱势学生提供帮助与指导,而在项目实施过程中,其目标群体发生转移,参与项目的学生并非学术成就很低的学生,而是中等学术水平的群体,即成绩是B和C的学生居多,这违背了项目创设的初衷。②

综上所述,美国高中教育与高等教育衔接政策经历了在摸索

---

① P. Gándara, D. Bial. Paving the Way to Postsecondary Education: K-12 Interventions for Underrepresented Youth [EB/OL]. Washington, D. C.: National Center for Education Statistics. https://nces.ed.gov/pubs2001/2001205.pdf, 2016-4-6.

② Jennifer Lee Schultz, Dan Mueller. Effectiveness of Programs to Improve Postsecondary Education Enrollment [EB/OL]. https://em.rutgers.edu/REIS/docs/default-source/college-access-and-success/effectiveness-of-programs-to-improve-postsecondary-education-enrollment—a-literature-review.pdf? sfvrsn=2, 2016-2-20.

前进中明确目标的过程。美国学界对高中教育与高等教育衔接政策的研究具有两大特征：① 理论性研究随着政策体系的形成逐步完善；② 微观性个案研究成果占主导地位，后期综合性研究数量有所增加。对这些研究成果进行梳理，有助于从深层次上把握美国高中教育与高等教育衔接的特征与本质，并为本书的相关研究提供借鉴。

（二）国内学者的相关研究

根据收集的文献资料来看，国内对美国高中教育与高等教育教育衔接政策的研究以论文居多。大致可以分为：① 从宏观的视角来分析政策的发展；② 以个案研究分析具体教育政策的实施及其影响；③ 将美国与中国或其他国家的衔接政策进行比较。

1. 纵观美国高中教育与高等教育衔接教育政策的发展

周世厚的《美国中等教育与高等教育衔接的多维解析》从历史沿革、教育制度和学生发展三个维度分析了美国高中教育与高等教育的衔接结构与机制。[①] 该论文对美国高中教育与大学教育衔接体系的形成过程进行了脉络爬梳与概念分析，并从中观与微观的层面剖析了高中教育与大学教育的制度衔接和学生学术与学术发展的衔接。总之，这是一个针对美国高中教育与高等教育衔接问题进行的综述性研究，为认识美国高中教育与高等教育衔接问题提供更加全面的视角。黎聚才和罗生全在《美国高中至大学的过渡政策探析》中分析了美国高中至大学过渡政策产生与发展的法律基础与社会基础，并从管理机制、财政政策、课程改革以及招生体系几个方面对衔接政策进行研究，从而对我国高中与大学衔接问题进行反思，并得出对于我国发展高中教育的多条有益启示。该论文对全面分析美国高中、大学衔接政策和构建本书的分析框

---

① 周世厚. 美国中等教育与高等教育衔接的多维解析[J]. 外国教育研究，2015 (7)：14-29.

架具有启示意义。[1] 而笔者从美国高中与大学衔接问题的核心概念——"大学与职业生涯准备"入手,梳理了美国政府从20世纪50年代迄今的衔接政策的发展历程,进而分析了衔接政策的特色。[2] 对本书而言,其最大的价值在于为高中、大学衔接问题研究提供了理论依据,这也是本书立论的基础。

2. 聚焦具体政策、课程模式或项目

张晓玲在她的硕士论文《美国P-16教育改革政策的研究——K-12与高等教育的衔接》中聚焦美国的P-16教改政策,以四个州作为典型,对美国四个州解决高中与大学衔接问题所采取的措施进行分析比较,并总结出促进高中与大学顺畅衔接的有效方法,即要确立责任机制,同时还需要建立政策信号传递机制,设立统一的标准和评价体系,建立数据信息体制以及改革课程体系,等等。[3] 这为研究高中与大学衔接问题提供了一种新的视角。

美国高中—大学双学分课程(AP课程和IB课程)模式作为解决高中与大学的脱节问题的重要手段,在缓解高等教育的供需矛盾、增强高校的服务职能等方面发挥了重要的积极作用。双学分制的实施无疑是美国高中教育与高等教育衔接体系中标志性的政策措施。因此,国内很多学者对此进行了讨论。其中谭娟在《独具特色的美国高中课程改革——高中—大学双学分课程模式评析》一文中较为客观、全面地剖析了美国双学分课程模式的发展现状,同时也指出了该课程模式在教育经费、教学质量、学生发展、学分转移以及立法监管等方面存在的问题。[4] 该论文为我国高中教

---

[1] 黎聚才,罗生全.美国高中至大学的过渡政策探析[J].教育发展研究,2011(21):47-51.

[2] 杨奕枫.美国中学与大学衔接政策变革与特色探析[J].中国高教研究,2015(2):69-74.

[3] 张晓玲.美国P-16教育改革政策的研究——K-12与高等教育的衔接[D].北京:北京师范大学,2005.

[4] 谭娟.独具特色的美国高中课程改革——高中—大学双学分课程模式评析[J].外国教育研究,2006(7):45-48.

育改革提供了有益的启示。

李玲玲在《学院高中课程:美国衔接中学与中学后教育的策略》中则对一项重要的衔接措施,学院高中课程计划(MCHS课程计划),实施的缘起,理念与实践及其实施成效进行了仔细研究。该文指出,MCHS课程计划通过实行小班授课,为学生创建了一个小而精但是颇为严格的学习环境,改善了学生的课业学习质量,从而帮助学生完成高中学业顺利过渡到中学后教育阶段;该课程计划也提高了对学生的学术要求,激发培养学生升学深造的志向,提升了中学后教育的升学率。[1]

美国的ACT和SAT标准化考试也是美国高中教育与高等教育衔接中的重要路径。郭志明在《从美国"高考"看高中与大学的衔接》一文中比较了美国与中国的"高考"以及两国的录取制度,发现美国大学的录取能对高中教育的内容与方法做出积极的回应,招考录取中采取多元化的考核内容与方式,而且在高中课程的评价上持有内在合一的理念,这些优势不仅有助于中学生在学习方法、思维习惯等方面实现向大学阶段的过渡,更为学生在大学阶段的发展做了很好的铺垫,对我国高中教育改革具有借鉴作用。[2]

杨捷的《高中教育与高等教育关系的重构——美国"八年研究"初探》以由美国进步教育协会(PEA)发起地从1933年至1940年为止的大规模教育实验"八年研究"为研究对象,分析了该项教育实验产生的历史背景,展开的过程,实验活动内容以及研究结果,认为"八年研究"受到的批评和质疑往往是由于缺乏对这项教育实验的全面了解而造成的误解,并指出"八年研究"将高中教育与高等教育之间的关系作为突破口,探讨了高中教育由来已久的

---

[1] 李玲玲.学院高中课程:美国衔接中学与中学后教育的策略[J].外国教育研究,2014(7):11-18.

[2] 郭志明.从美国"高考"看高中与大学的衔接[J].外国中小学教育,2015(8):11-16.

焦点问题,捕捉到了当时美国教育发展的关键所在;其所涉及的主要内容、手段和方法以及结果对教育实验、教育基本理论、课程改革实验、教育评价理论等产生了深远的影响。[①] 该篇论文的重要意义在于它揭示了美国教育实验的传统在教育改革中的地位和作用。

3. 中美高中教育与高等教育衔接政策的比较

綦春霞和周慧的《高中教育与大学教育的衔接:国际经验与本土实践》研究了各国大学预科教育作为衔接高中教育与大学教育的重要手段所发挥作用及其特点,聚焦三类主要国际预科教育模式,即 A-level 课程、AP 项目、IBDP 项目,分析了预科教育在国际、国内应用方式的特点,探讨中国预科教育本土化探索路径。[②] 该论文从全球的视野,为我国高中与大学教育实现良好的衔接提出了可行性建议。

乔连全和李玲玲在《中美比较:中学与大学衔接断裂的原因及对策》中比较了中美两国高中教育与高等教育教育脱节的原因,指出中美两国在解决中学和大学衔接断裂问题上的相同之处在于都是通过强化中学和大学的对话与合作,从而帮助学生实现从中学到大学教育阶段的平稳过渡;不同之处在于我国主要是从招生考试等教育制度方面入手进行改革,而美国则主要通过实施课程计划以加强高中教育与高等教育的衔接与过渡。[③]

龚雪和余秀兰的《美国高中与大学衔接的经验及对我国的启示》,从时间贯穿、服务对象、衔接内容以及衔接形式四个方面比较了美国和中国的高中与大学衔接的状况,发现我国促进高中与大

---

① 杨捷.中学与大学关系的重构——美国"八年研究"初探[D].上海:华东师范大学,2006.
② 綦春霞,周慧.高中教育与大学教育的衔接:国际经验与本土实践[J].教育学报,2014(4):26-33.
③ 乔连全,李玲玲.中美比较:中学与大学衔接断裂的原因及对策[J].江苏高教,2011(5):80-82.

学良好衔接的措施较为单一,而美国所执行的措施则针对学生不同的需求提供多样化的服务,因此建议,我国可以借鉴美国经验,通过多种方式弥补已有制度的缺陷。①

第三节 研究方法

一、文献法

文献法是指搜集、鉴别、整理文献,并通过对文献的文本研究,形成对事实的科学认识的方法。本研究的主要资料是大量美国政府的原始文献、美国学术界的研究著述、少量中国学者的成果。其中,最主要的文献有美国国会通过的相关法案以及美国政府其他委员会和研究机构的研究报告和政策建议等资料。通过对收集的文献资料信息进行筛选和整理,本书梳理了美国高中教育与高等教育衔接政策形成的背景、立法的历程以及政策演进的过程。

二、历史研究法

教育科学的历史研究法是通过搜集各种教育现象发生、发展和演变的历史事实进行系统客观的分析研究的方法。运用历史研究法可以追溯事件发展的轨迹,揭示事件发展中某些规律。本研究对美国高中教育与高等教育衔接政策的变迁过程进行了梳理和解读,试图探究政策出台背后的各种动力因素,并揭示政策制定与演化过程所呈现出的特征。

---

① 龚雪,余秀兰.美国高中与大学衔接的经验及对我国的启示[J].教育科学,2015(1):90-96.

第四节 研究的创新

政策过程往往是曲折而复杂的,其中包括某个问题的聚焦、该问题被推入决策议程,政策制定者和相关利益方的参与,政策方案的制定、筛选、实施、变革。在这过程中每个环节都存在着诸多的不确定因素和可能性,因此研究政策过程需要借助政策分析理论,以实现描述的简化或解释逻辑的简化。

本书将多源流理论和渐进主义理论相结合作为研究美国高中教育与高等教育衔接政策的理论框架,双重的分析视角为政策制定与变迁的研究提供了一个全新的视角。首先,本书循着历史的途径去理解这两个教育阶段的衔接问题,勾勒出美国高中教育与高等教育阶段衔接体系形成和发展的历史轨迹。其次,本书选取多源流模型为分析框架对美国高中教育与高等教育衔接政策制定的背景和动力因素进行解读,阐述美国高中教育与高等教育衔接的问题源流、政治源流和政策源流及三者耦合的政策选择,从而深入剖析美国高中教育与高等教育衔接政策的制定过程。最后,通过对美国高中教育与高等教育衔接政策自出台之后经历的演化过程进行分析,梳理了美国高中教育与高等教育衔接政策所经历的修正、调整和积累的演化过程,从而揭示美国高中教育与高等教育衔接政策呈现出典型的渐进式变迁特征。

本章小结

美国高中教育与高等教育的衔接问题随着高中教育与高等教育的发展与扩张进入公众与美国政府视野,美国教育界开展大规模的有关高中教育与高等教育之间关系的讨论,并对高中教育与高等教育衔接中的核心概念进行深入研究;教育界的研究成果为美国联邦政府制定高中教育与高等教育衔接相关政策提供了理论依据,也推动了政策的发展和演进。美国高中教育与高等教育之间的关系经历了何种流变,美国政府如何制定高中教育与高等教育衔接政策,政策出台之后又有什么样的变迁历程,这些都是值得研究的问题,为我国解决高中教育与高等教育衔接问题提供借鉴与参考,能够对我国实现高中教育与高等教育的有机衔接有所裨益。

本章主要阐述了研究的背景、问题的由来,研究的意义,研究内容和方法,介绍了研究的思路与步骤,在已有相关研究的基础上提出本研究的问题,创新之处与不足之处在本书后面进行说明。

第二章
美国高中教育与高等教育衔接政策研究的理论支撑和模型选择

深入研究美国高中教育与高等教育衔接政策,需要借助一定的政策分析模型,以求"以理格物"。运用理论模型的缘由在于政策分析的未知性与艰巨性。面对错综复杂的政策过程,研究者常常很难理清头绪进行深入分析。模型本身是一种方法论,它通过对客观事实在时间和空间上的一种简化,为分析公共政策提供了简便工具,在政策科学中得到了比较广泛的应用。本研究从相关度和有效性出发,选取了渐进主义分析和多源流分析两个模型,以美国高中教育与高等教育衔接政策为主体论述其发展过程,分析政策制定和变迁的主要动因及其结果所造成的影响。本章首先阐述政策分析的理论背景和方法论基础,然后概述政策科学关于政策分析的几种典型理论范式,最后提出本书的研究方法与理论模型。

第一节 政策分析的概念界定

一、政策的概念

(一)政策的词源背景

从词源上看,"政策"一词是从希腊语、梵文和拉丁文的词根

polis(城邦),加上 pur(域)演变成 politia(邦),后演化成在中世纪英文中的 policie(公共事务的处理或政府的管理),最后演变为 policy。[①] 所以从最宽泛的意义上说,有学者认为公共政策的历史和人类组织的存在一样久远,因为人类早在公元前 1800 年的巴比伦王国就制定了《汉谟拉比法典》,树立了社会、政治、经济的规范。而从狭义上来说,"policy"的含义是随着近代资本主义的发展从"politics"(政治)中衍生出来的,政策与社会的政治领域存在着密切的联系。而从社会发展的角度来看,政策概念是伴随着西方政治的发展而形成,因此政策概念的形成比政策实践滞后得多。

中国古代并没有"政策"一词,[②]相传,汉语中的"政策"最早是从日本引进的。19 世纪 60 年代,日本明治维新时期,"policy"一词传到了日本。日本人就从日文汉字中选取了与"policy"含义相近的"政"和"策"两个字,并加以联用组成"政策"一词,之后才传入中国。据考证,最早在文章中使用"政策"一词的中国人是梁启超。1899 年,梁启超在《戊戌政变记》中记述"推翻新政"时指出:"中国之大患,在教育不兴,人才不足,皇上政策首注意于学校教育之事,可谓其本也。"自此,"政策"一词开始出现在我国政治生活,并逐步流行。

(二) 公共政策的含义

从"政策"词源的发展脉络来看,政策是人类社会发展到一定历史阶段的产物,是随着阶级、集团、国家、社会阶层和政党的出现而逐渐形成的。因此,政策是公共组织而非个人的决策行为,具有公共性的特点,也称为公共政策。1951 年斯坦福大学出版了美国著名政治学家哈罗德·拉斯韦尔(Harold D. Lasswell)和丹尼尔·拉纳(Daniel Lerner)合著的《政策科学:研究领域与方法的最

[①] Tadao Miyakawa. *The Science of Public Policy: Evolution of Policy Sciences* [M]. London: Routledge, 1999: 29.

[②] 古文中的"政"是政者,政也,为规范与控制的意思;"策"为谋术,是计谋与谋略的意思。尽管没有"政策"一词的出现,我国古代有所谓的策、论就是公共政策的著述。

新发展》一书,这标志着现代政策科学的诞生,是公共政策研究的里程碑。书中首次提出并界定了"政策科学"(policy science)的概念,标志着公共政策学的诞生。拉斯韦尔因此被称为"政策科学研究之父"。而对于政策的定义,其实拉斯韦尔(Harold D. Lasswell)和坎普南(A. Kaplan)在1950年两人合著的《权力与社会》中就将政策定义为:为某项目标、价值与实践而设计的计划。这一定义强调了公共政策以特定目标和价值为取向的这一特点,但是却忽略了公共政策的一些本质特征,如没有对政策主客体等问题加以认定。当政策科学确立学科地位之后,学界出现了更多有关政策或公共政策含义的界定,呈现出百家争鸣的状况。学者从不同的视角,用不同的分析框架去定义"政策"这个概念,其主要分歧在于政策系统的构成。

在政策概念的定义上,西方学界显然是先行者。在公共行政学教授艾拉·夏坎斯基(Ira Sharkansky, 1978)看来,公共政策本身就是一个模糊的概念。他认为,政策可以是一个提案,一个正在实施的项目,一个项目的目标,或是对某项决议的否定,因此给政策下一个具体的定义是误导性的,而使用政策这个术语时的语境倒是能说明政策的真正含义。于是,他将政策描述成"政府管理者在提供公共服务时为确保公共服务的质量和数量而设立的目标以及采取的行动"。[①] 与夏坎斯基持相同观点的还有内华达大学政治学教授理查德·L.西格尔(Richard L. Siegel)和莱昂纳多·温伯格(Leonard Weinberg),他们也认为政策的重点在于政府的行为以及行为所产生的后果。[②] 而罗伯特·艾斯通(Rober Eyestone)则将政策宽泛地定义为"政府机关与其周围环境之间的

---

① I. Sharkansky. *Public Administration: Policy-making in Government Agencies* [M]. Chicago: Rand Mcnaly College Publishing Company, 1978: 6.

② R.I. Siegel, L.R. Winberg. *Comparing Public Policies: United States, Soviet Union and Europe* [M]. The Dorsey Press, Homewood, Illinois, 1977: 3.

关系"。① 托马斯·戴伊(T. Dye)也持有相似观点。戴伊在其所著的《理解公共政策》(*Understanding Public Policy*)中认为：凡是政府选择作为或不作为的行为就是公共政策。② 而美国著名政治学家卡尔·弗雷德里奇(Carl J. Friedrich)则早在1963年就提出了类似的广义的"政策"概念。弗雷德里奇将政策视为"在某种特定环境下，个人、团体或政府所进行的有计划的活动过程。政策的提出是为了利用时机克服障碍从而实现某个既定的目标，或达成某一既定的目的"。③

当学者围绕着政策主体、客体以及政策环境等问题争论不休的时候，史达林(G. Starling)在其《政策制定策略》一书中指出，无论怎么去定义政策，政策的内涵总可以归结到一点，即政策是目标的阐述。不管政策系统如何构成，政策实际上是"阐明政府或政府官员行动的全面指导方案"。④ 也就是说政策应当具有总括性和指导性，是一系列行动的纲领和准则。而要实现这些目标，就需要完成从问题确认、方案采纳、方案执行到方案评估的整个过程。詹姆斯·安德森(James Anderson)也是持相同观点，认为政策是一个或一批行为者为处理某一问题或有关事务所进行的有目的的活动过程。⑤ 理查德·罗斯(Richard Rose)也在《英国的政策制定》一书中指出，不该只把公共政策视为某个孤立的决定，而应把它看作是由一系列或多或少有关联的活动所组成的一个较长的过程，

---

① R. Eyestone. *The Threads of Public Policy: A Study in Policy Leadership* [M]. Indianapolis, Indiana: Bobs-Marril, 1977: 18.

② T. Dye. *Understanding Public Policy* [M]. Prentice-Hall, New Jersey: Eaglewood Cliffs, 1972: 18.

③ C. J. Friedrich. *Man and His Government* [M]. New York: McGraw-Hill, 1969: 79.

④ G. Starling. *Strategies for Policy Making* [M]. Chicago: The Dorsey Press, 1988: 3.

⑤ J. E. Anderson. *Cases in Public-making* [M]. New York: Praeger Publishers, 1976: 4.

第二章 美国高中教育与高等教育衔接政策研究的理论支撑和模型选择

这些活动对有关事物的作用和影响也是公共政策的组成部分。[①]

政策科学在我国起步较晚。1978年台湾大学朱志宏教授《公共政策概论》一书的出版标志着将政策科学引入台湾。政策科学在中国大陆从20世纪80世纪初以来,经历了从无到有、从很少有人涉足到成为显学的过程。而国内对政策一词的定义,学界也存在许多争议。以下是几种比较有代表性的观点。香港学者伍启元认为,公共政策是一个政府对公私行动所进行的指引。[②] 台湾学者朱志宏认为,公共政策应该包含以下五个条件:公共政策是由政治体系中的"当局"即政府制定,具有强制性和公开性;公共政策既包括政府的活动也包括政府的不作为;公共政策主要是指政府的重要活动,即动用大量的人力与资源,可能影响到绝大多数人利益的政府活动;公共政策是政府具有目标取向的活动,其目标在于谋求公共问题的解决;公共政策的过程包括了从引起政府对公共问题的关注,到政策的规划、合法化、实施、评估等重要阶段。[③] 大陆学者刘斌和王春福认为,政策是政治实体在一定的时空环境下为完成某项任务所采取的政治行为,主要体现为行为规范、直接采取的行动与某种态度。[④] 大陆学者桑玉成和刘百鸣提出,公共政策是社会公共权威在一定历史时期为实现某一既定的目标而制定的行动方案和行为依据。[⑤] 北京大学教授张金马认为政策是党和政府用来规范、引导有关机构团体和个人行为的指南或准则。[⑥] 陈振明教授则将政策定义为国家机关、政党以及其他法定政治团体在特定时期为实现一定社会政治、经济和文化目标所采取的政治

---

① Rose R.(ed.) *Policy Making in Great Britain* [M]. London: Macmillan, 1969:10.

② 伍启元.公共政策[M].香港:商务印书馆(香港)有限公司,1989:4.

③ 朱志宏.公共政策[M].台北:三民书局,1991:19.

④ 刘斌,王春福.政策科学研究·第一卷[M].北京:人民出版社 2000:90.

⑤ 桑玉成,刘百鸣.公共政策学导论[M].上海:复旦大学出版社,1991:3.

⑥ 张金马.政策科学导论[M].北京:中国人民大学出版社,1992:9.

行为或规定的行为准则,它是一系列法令、谋略、措施、办法、方法、条例等的总称。①

上述我国学者对政策的定义概括起来基本代表了当前我国学术界对政策的一些观点,即政策是行动纲领、行动方案或是行动准则。这些定义具有一些共同的特点:政策被视为一定行动主体为解决一定问题或者达到一定目的而制定的行动准则、纲领或者所采取的一些方法。这些定义反映了政策这个概念中所包含的一些基本要素:政策制定者、存在的问题以及解决问题的行动准则或者方案。因此,在综合国内外学者对"政策"定义的基础上,本研究将政策界定为:政策是政府、政党或社会其他公共团体在特定时期为了解决一定社会问题所制定的一些行动纲领或者指南,它是一个有目的的活动过程。

二、政策分析

(一)政策分析的含义

20世纪50年代政策科学成为一门独立学科。政策科学运动(Policy Sciences Movement)在美国兴起。以拉斯韦尔为代表的政策研究者开始对政策过程进行探索。Y.德洛尔(Yehezkel Dror)是现代政策科学发展史上继拉斯韦尔之后另一个关键性人物。在1968—1971年,德洛尔出版了政策科学"三部曲":《公共政策制定检讨》(1968年)、《政策科学构想》(1971年)、《政策科学进展》(1971年)。他继承并发展了拉斯韦尔的政策科学理论,对政策科学的对象、性质、范围和方法等问题开展了进一步具体且详尽的论证,从而形成了拉斯韦尔—德洛尔的政策科学传统。于是,政策科学这种以问题为中心的知识产生方法将社会科学和公共政策紧密地联系起来。正由于政策科学的这些独特、新颖之处,促使它一度迅速发展并体制化,成为社会科学领域的重要新成员。然而

---

① 陈振明.政策科学原理[M].厦门:厦门大学出版社,1993:43.

第二章 美国高中教育与高等教育衔接政策研究的理论支撑和模型选择

在拉斯韦尔和德洛尔之后,政策科学发展缓慢,并未取得实质性或突破性的进展。究其原因是由于政策科学存在着方法论上的障碍:政策科学的倡导者认为政策科学不是现有的某一社会科学学科的更新,而是一个全新的跨学科、综合性研究领域,因此政策科学是统一的社会科学或元社会科学,即它既综合了社会科学、行为科学以及自然科学的知识和方法,又超越或凌驾于它们之上。这必然导致政策研究者在研究范围的确定和研究方法的选择上很难形成共识,从而不利于其学科理论体系的建立。政策科学传统或范式遭到了一些学者的批评,例如,特瑞布(Laurence Tribe)在《政策科学:分析还是意识形态》一文中批评政策科学是意识形态,而不是科学;康韦(Thomas Conway)则大谈"政策科学的危机"。

与此同时,以量化分析为主导的政策分析的研究范式在50年代和60年代乃至整个70年代的政策科学运动中却取得迅速的发展。在拉斯韦尔—德洛尔的政策科学传统中,政策分析只是政策科学所涉及的主题关注点之一。"政策分析"一词在林德布洛姆1958年发表的《政策分析》一文中首次出现,用以表示一种将定性与定量相结合的渐进比较分析的类型。这是一种结合运筹学、管理科学和系统分析的定量方法在政策研究上的应用,也是政策分析的方法论基础。

当政策分析快速成长时,许多学者便提倡政策分析应成为一门独立学科。他们认为政策分析应当被视为一门应用性的社会科学学科,因为政策分析家可以采用各种研究方法及技术产生并转变与现实政策问题相关的知识或信息,以帮助决策者或者当事人解决具体政策问题。但对于政策分析,学者并没有达成一致的定义,有关政策分析界定的范围和重点亦有所不同。不同研究者对政策分析的实质从不同的视角进行了诠释,本研究根据政策分析的内涵边界将这些定义划分成三类:

第一类,广义概念,这类概念是从非常宽泛的角度理解政策分析。比如戴伊(Thomas Dye)认为:"政策分析不仅要适用于对某一项政策或者个案的解释,还要适用于对不同的时间,不同空间的政策进行解释。"①这是对"政策分析"做了最广义的理解,将它等同于"政策科学"。奈格尔(Stuart S. Nagel)也对政策分析进行了广义的界定,即政策分析是政府对社会问题的不同决策的性质、原因与效果的研究,需要跨学科的知识尤其是社会学的知识作为其研究基础。② 这类观点关注对政策的社会性分析,将政策置于社会历史脉络时空中对其展开分析和解释。

第二类,次广义概念,这类概念是从采用分析方法解决政策问题的角度来界定政策分析。如奎德(Edward S. Quade)与邓恩(William N. Dunn)等人对政策分析作了次广义的理解,将"政策分析"看成是一种应用性的社会科学学科。奎德认为,"政策分析是应用研究的一种形式,其目的是为了获得对社会技术问题的更深刻的理解,从而提出更好的解决办法。政策分析试图利用现代科学技术去解决社会问题,寻求可行的行动过程,产生信息,列举有利证据,并推导出这些行动过程的可能结果,其目的是帮助决策者选择最佳的行动方案"③。邓恩将"政策分析"定义为"运用多学科的研究方法来创造、批判性评价和交流有助于理解和改善政策的信息资料(知识)"④。持此种观点的学者强调了政策分析的问题导向性,从问题发现到问题解决的整个过程都是政策分析的范围。

第三类,狭义的概念,学者从不同的视角去界定政策分析。比如,如小麦克雷(Jr. Ducan Macrae)和巴顿(Carl V. Patton)等从备选方案评估和选择的角度界定政策分析。小麦克雷认为:政策

---

① 陈振明.政策分析的基本因素[J].管理与效益,1997(1):9-10.

② Stuart S. Nagel. Policy Studies Across the Social Sciences [J]. *Policy Studies Journal*, 1992(3):499-502.

③ E. S. Quade. *Analysis for Public Decision* [M]. New York: Elsevier Science Publishing Co., Inc., 1989:4-5.

④ 威廉·N.邓恩.公共政策分析导论[M].北京:中国人民大学出版社,2011:2.

第二章 美国高中教育与高等教育衔接政策研究的理论支撑和模型选择

分析是凭借推理和证据的运用,在一组备选方案中选择出"最好政策"。① 巴顿的观点也趋于一致,认为政策分析是对于备选方案(计划或项目)的技术和经济的可行性、政治的可接受性、执行哪个战略以及政策选择结果的系统的评价。② 而韦默尔(David L. Weimer)等人则强调政策分析的职业化方向,即"政策分析"以当事人为方向,并强调政策分析与价值的相关性。韦默尔认为公共政策是"一种客户导向性建议,这些建议与公共政策有关,并反映了社会价值"。③

通过以上的概念梳理,会发现当政策分析一词被用作学科名称时,它所代表的含义就更为广阔。它不仅包含着对某一项政策流程的分析与考察,也包含着对新的备选方案的选择与设计;同时,还可以指对某一政策演变的历史发展轨迹的分析。从政策制定、政策执行到政策评价这一复杂的过程中经历了什么样的变化?产生这些变化的动因又是什么?在对政策的历史演变脉络进行梳理分析过程中我们应该会找到这些问题的答案,而这些问题的答案其实也就构成了政策的自身特点。

本研究从以下两个方面对政策分析含义进行界定:首先,政策分析的对象是公共政策,尤其是一些政府部门所制定的政策,涉及的范围是从问题发现到问题解决的整个政策过程。其次,政策分析目的既不是那种单纯进行政策分析的一些方法论研究,也不是从若干备选方案中选取出较优政策的研究。本研究中的政策分析目的就是打开政策的"黑箱",对政策从进入议程到合法化,再经历演变这一过程进行分析梳理,探究影响政策出台和发展变化的动因。

---

① Jr. Ducan Macrae. Concepts and Methods of Policy Analysis[J]. *Society*, 1973(6): 17-23.

② Carl V. Patton, David S. Sawicki. *Basic Method of Policy Analysis & Planning*[M]. Englewood Cliff, New Jersey: Pretice-Hall Inc., 1986: 19-20.

③ David L. Weimer, Aidan K. Vining. *Policy Analysis: Concept and Practice*[M]. Englewood Cliff, New Jersey: Pretice-Hall Inc., 1992: 1.

（二）政策分析理论框架

政策分析是一个复杂的思维活动过程，并没有固定的模式和一成不变的方法。

一方面，与经验科学不同，政策分析的目的并不是追求真理，进行预言，而是更有效地把握现实世界，帮助决策者寻求最佳的解决方案。因此，政策分析具有非理性的一面。

另一方面，政策分析是一种社会科学。研究者普遍相信，"社会科学只是在程度上而不是在种类上不同于构建良好的自然科学，所以取得科学成功的最佳方法就是效仿自然科学的逻辑和研究方法"。[①] 因此政策分析需要服从于科学的传统，尽可能使用科学的方法及理性分析，以追求研究结构的客观性和可检验性。这使政策分析又具有理性的一面。而事实上，理性分析尤其是定量分析的方法是政策分析的一个主要方法论基础，也是其迅速发展并渐渐从政策科学中分离出来成为一门独立学科的重要原因。正是因为政策分析的内在矛盾性，学界出现了大量关于政策分析的途径或方法的争论，争论的焦点集中在是采用"全面的"（synoptic）途径还是"反全面的"（anti-synoptic）途径。全面的途径其实就是综合理性模式，它是以系统分析为理论基础，运用实证主义方法并以价值最优化作为决策标准；反全面的途径则强调综合理性的局限性或不可能性，它以多元主义作为理论基础，运用脉络背景和案例分析的方法并采用社会合理性（利益的整合）作为决策标准。这两种不同途径形成了鲜明的对照：全面的途径反映了政策分析的经验—分析方向（empirico-rational tradition），而反全面的途径则反映出新多元主义（neo-pluralist tradition）方向。围绕着政策制定者是全智全能，以及受限于主客观条件的情况下对外部世界以及事物的客观规律的认识是一次完成，还是一个渐进

[①] 杰伊·D. 怀特，盖·B. 亚当斯. 公共行政研究——对理论与实践的反思[M]. 北京：清华大学出版社，2005：34.

式从相对真理到绝对真理的过程的问题探讨,学者提出了一系列政策分析的理论框架。应该说理性主义是全面(经验—分析)途径的方法论基础,是政策分析的传统范式,但由于它有着无法回避的缺陷,因此在时间长轴上来看,政策分析理论是沿着从理性到非理性模式的轨迹发展的。但这些理论并非是可以相互取代的关系,它们之间要么并行不悖可以共存共处,要么是从某个特殊的角度修正、补充或发展了已有的理论。这也就是说全面和反全面的途径经历了一个此消彼长的演化过程,交替综合地发挥着作用。本研究将政策分析理论分为理性主义模式、理性主义的修正模式以及非理性主义模式三类进行梳理讨论。

1. 理性主义模式

理性主义模式又被称为纯粹理性模式（Pure-rationality model）或者是全面理性主义模式（Rational-comprehensive Model）,主张将定量分析以及定性分析的理性方法作为政策研究的主要或是唯一方法。该模式假定决策者是"理性人",了解所有与具体问题有关的目标,知晓所有的社会价值偏好及其相对权重,清楚所有备选方案可能产生的后果,而且能够预估每一项政策方案有可能得到或者失去的社会价值比例。所以这样的理性决策者能够根据自己所掌握的完整而综合的信息做出理性的决策,这就意味着理性决策的过程是以最小的投入获得最大的产出,即通过选择最优方案,使用最恰当的手段,达到最大值的政策结果。显然,这种模式可谓是一种理想化的决策模式,表现出来的是一种对"客观理性"的追求,反映了人们在市场化经济和民主化社会中对于公共政策科学性的强烈诉求。虽然带有完美主义的色彩,可是理性主义模式广泛重视社会价值的这一特点却成为当代政府进行有效公共决策的有益借鉴。因此,理性主义范式在政策分析中被广泛地应用。

然而,理性主义模式所建立的假设基础同现实情况存在太多的差异。并且它忽视了决策过程的复杂性,过度夸大了理性方法

尤其是定量分析方法的作用和地位,因此遭到了多方的批评和质疑。这些批评概括起来有以下几个方面:

第一,这个模型假定决策者全知全能。然而在实践中人脑存储和处理信息的能力是有限的,再加上受到人的精力等生理条件的制约,人的认知能力是有一定限度的,并非是全知全能的。

第二,这个模型假设决策者是客观的、公正的、理智的,但在实际决策过程中政策制定者往往受到其个人价值观、专业背景以及利益集团等因素的影响,他们无法达到绝对的公正、客观和理智。

第三,这个模型高估了逻辑推理及数学模型作为政策分析工具所起的作用,因为在实践中,这两种理性分析工具面对复杂的社会性、政治性、文化性公共政策问题时往往束手无策。

2. 理性主义的修正模式

(1) 有限理性主义

20世纪50年代之后,人们认识到建立在"理性人"假说之上的理性主义模式只是一种理想模式,无法有效指导实际中的决策。因此,理性主义模式受到了多方面的批评与质疑,其中赫伯特·西蒙(Herbert A. Simon)便是批评全面理性主义的代表人物之一。西蒙认为,人类知识体系的不完备性、预判的困难以及人类活动或行为的空间范围有限等因素限制了人类到达绝对理性的境界,因此实际决策过程中(纯粹)理性并不存在。因此,西蒙改进了全面理性的理论框架,把全面理性发展为有限理性模式(Bounded rationality)。

有限理性模式试图从以下几方面去修正理性主义:

一是,从理性到有限理性:作为决策者的个体,由于受到多方因素的制约,他无法实现最大限度地追求理性,而只能在他的能力范围内尽力追求有限的理性。

二是,从最优到最满意:决策者在决策中追求一种近似的优化途径,即寻求"满意"或"足够好"的方案,而非最优方案。

西蒙的有限理性和满意准则这两个命题纠正了全面理性主义

的偏激,拉近了理论假设条件与现实生活的距离。和全面理性主义模式相比,有限理性主义模式更能够真实地反映决策的过程,这一模式并未全盘否认理性的作用,而是突出了非理性因素在政策分析中的重要性。但是,它仍然没有摆脱理性主义模式的固有困境,即先确定明确的目标,再以此为指导,选择合适的手段,这种目标与手段割裂的状况并不符合实际情况。人们的价值偏好或目标并非是固定不变的。当人们的较低层次的需求得以满足之后,便开始将更高层次的需求设定为目标,并把它视为工作或生活的动力。目标的变动会导致原先依据旧目标所选择的方法不再适用。而且外在的社会环境往往对人们的许多行为手段产生巨大的影响。因此,将手段与目的割裂所进行的方案抉择潜藏着巨大的隐患,即方案偏离目标要求的可能性。

(2) 渐进主义

以西蒙的"有限理性"概念为基础,查尔斯·林德布洛姆(Charles Lindblom)在他的经典论文《见机行事的科学》(*The Science of Muddling Through*)中提出了"渐进主义"的概念和模式。在不同时期该模式有不同的名称:从最初的"渐进主义"(Incrementalism),到后来的"边际调适科学"(Science of Muddling Through),直至变成"断续的渐进主义"(Disjointed Incrementalism)。尽管名称不同,但是其内涵却基本上保持一致。

与西蒙相似,林德布洛姆也是从批判传统理性主义模式基础上开始提出自己的理论模式的。他从以下方面对传统理性主义模式进行了批判:决策者面临的并不是一个既定不变的问题,因此他们必须对自己所谓的问题加以明确并给予说明;决策分析并不是万能的,决策过程的复杂性决定了分析可能没有穷尽,而且分析有时还可能造成错误;由于决策的时效性,不可能允许决策者漫无止境地分析下去;此外,决策还受到决策者价值观的影响。林德布洛姆认为决策会受到社会政治过程的影响,例如决策受价格体系、多元体制、层级体系、议价的影响。但显然林德布洛姆对理性主义的批判更激烈。如果说西蒙的"有限理性"是理性主义模式的修正和补充的话,那么,林德布洛姆则是更大刀阔斧地将理性主义进行调整。他将西蒙的满意决策理论和渐进调试模式相互融合,在有限理性的人性假设以及多元主义的政治学基础上,实证地发展出一套与理性方法相对应的具体决策模式——渐进主义的模式。该模式把政策制定视为各种政治力量以及利益团体之间相互作用、讨价还价的过程,同时也是对过去的政策加以修补的渐进过程。林德布洛姆将政策制定假定为一个序列,即政策制定是通过一条政治和分析步骤的长链来展开,而这条长链没有开端与终结,也没有准确的边界。

综上所述,面对种种对全面理性主义的批评,理性决策学派做了很多理论上的修正与完善,如提出有限理性和渐进主义。他们共同的目标是,通过将结构性因素内化于个体的理性主义模式,以期继续发挥理性主义学派理论的清晰性和强解释力。

3. 非理性主义模式

到20世纪60年代中期,公共政策研究中围绕着理性主义和渐进主义的模型而展开的相关讨论已趋于定型化了。当时主流的观点认为,理性主义模型作为一个政策制定的模型,更容易获得人们的喜爱,而渐进主义模型则能更好地反映政府决策过程的真实状况。[1]尽管这两种模式在解释公共政策产出时都存在着不足,但各自具有其特殊的价值。然而人们很快又发现,这两种模型也并不能全然解释所有的政策产出。因此,一些学者试图冲破这两种模式的既定框架,另辟蹊径寻找超越这两者的第三条道路。这第三条道路便是排斥理性的非理性模式,该理论的焦点落在了决策中的价值冲突上。其基本观点是所有的价值都是相对的,甚至都

---

[1] Michael Howlett, M. Ramesh. *Studying Public Policy: Policy Cycles and Policy Subsystems*[M]. London: Oxford University Press, 1995: 137.

是人们随意选取的,并不是以理性为依据,所以个人的选择行为也就无理性可言,所做的一切选择都只是情绪支配下的随意行为,关键问题只在于在选择中如何充分发挥人的创造性。"垃圾桶决策模式"(Garbage Can Model)就是其中的一个代表。

(1) 垃圾桶模型。

"垃圾桶模型"产生于20世纪70年代。1972年,科恩(M. D. Cohen)、马奇(J. G. March)以及奥尔森(J. P. Olsen)发表了《组织选择的垃圾桶模式》(*A Garbage Can Model of Organizational Choice*),文中正式提出了这一模型。科恩等人以垃圾桶比喻决策制定,认为决策过程并非像理性模型提示的那样有条不紊地进行,各种问题和解决方案混杂在一起就像杂乱地投入垃圾桶中的东西一样供人们选择。因此决策是无序的过程,问题、偏好和解决方案之间并没有一致的逻辑推演关系,表现出组织的无序状态(Organized Anarchies)。在这样一个组织无序状态中,要达成组织的决策取决于四股各自独立、互不相干的力量(streams):问题、解决方案、参与者与决策机会。决策机会提供了一个垃圾桶,让参与者、问题和解决方案有机会混合在一起,然后形成决策产出。因此,从这样的垃圾桶中产生的结果取决于垃圾箱中的垃圾(问题、解决方案、参与者以及参与者的资源)的混合状态以及垃圾被收集和移走的速度。这样的决策产生的过程是一个由许多人共同完成的动态过程,具有高度模糊和不可预测的特征。从这个角度来看,垃圾桶模型不仅否认了理性模型所追求的完全理性的目标,甚至也不接受渐进主义决策模型所允许的有限理性。

(2) 多源流模型:对垃圾桶模型的修正。

金登认为无论是理性主义模式还是渐进主义模式,都未能有效解释决策过程;尤其是为什么某些政策议题的关注度会突然间得到提升,有些却忽然消失,这些都难以透过此两种模式解释。而金登更认同垃圾桶模型,认为它能够很好地解释决策过程。于是,金登在其1984年出版的公共政策经典著作《议程、被选方案与公共政策》中,对"垃圾桶模型"做出了修正,并结合美国联邦政府的政策过程,提出了多源流理论。金登对"垃圾桶模型"的四个源流,即问题、解决方案、参与者和选择机会进行了调整,将它们转换为问题流,政策流(解决方案),政治流(参与者),同时也将"选择机会"修正为"政策之窗"。金登认为,问题、政策与政治这三条源流平行独立地发展,并受不同力量、考虑和风格支配,直到某一个关键时间点上出现偶然性事件,也就是政策之窗打开的时间,届时有能力的政策企业家会致力于将问题的解决办法、社会关注的问题和有利的政治局面三者结合起来,将三条源流顺利结合,把政策方案推上决策议程。金登的多源流理论将公共政策分析的触角往前伸了一步,拓展了研究的空间。多源流分析打开了政治系统输入与输出之间的"黑箱",展开了政策过程参与者的全景分析图。如果说垃圾桶模型主要是用来解释组织中决策制定的过程,那么金登则将"垃圾桶模型"应用到了国家政府政策制定的层面,对其动态本质进行阐释。总的说来,在理论的起源方面,多源流模型修正了"垃圾桶模型",并将其运用到国家政策层面进行分析,提升了其价值。

第二节 政策分析模型的选择

美国高中教育与高等教育的衔接政策是用来解决教育问题,因此属于教育政策的范畴。教育问题的产生,是社会变迁所引起的种种社会问题所导致的,所以有时候社会问题消失了或是解决了,教育问题自然也就跟着消失了。但是,对于教育问题的处理不能抱持着如此消极的态度,应该采取积极的态度,主动解决教育问题,因为教育问题处理了,社会问题应该也就跟着处理了。随着社会的变迁和时间的变化,不论是教育宗旨、教育目的和教育目标,或是教育问题都会有改变或消退,而作为教育宗旨的执行策略和教育问题解决的指导方针的教育政策,也需要有所改变和调整。

因此,教育政策显然必须要有连贯性和持续性,但这并不意味着一成不变。教育政策往往需要因为时间的因素,进行主动或是被动的调适和变化。因此,随着时间的推移,将可以描绘出某项教育政策发展的轨迹。[1] 因此,时间因素是教育政策分析的一个重要参考变量。和其他政策一样,教育政策所涉及的主体、客体以及环境都充满了复杂性,政策过程各个环节也存在着高度的不确定性,从这个意义上说,教育政策过程相当复杂。对这种复杂的政策过程进行分析需要对现实进行简化和抽象处理,这就需要依赖政策分析模型。事实上,政策分析是不断使用政策模型的过程。[2] 由于影响教育政策分析的因素如社会环境、政治文化与传统、意识形态等方面的差异,针对不同的政策问题就需要采用不同的理论模型。理论模型本质上来讲就是一种方法论。值得注意的是,曾经学者只强调教育决策过程中问题解决的方法论一面,却忽视教育决策过程中也存在着问题构成或问题发现的方法论的一面。但是,要真正解决教育问题,必须首先正确提出或构建问题。因此,教育政策分析既包括解决问题也包括提出问题的过程。所以,教育政策分析所涉及的范围是从问题发现到问题解决的整个政策过程。为了深入研究美国高中教育与高等教育的衔接政策的制定与变迁过程,本书试图综合运用渐进主义和多源流理论两种政策分析模型来解析美国高中与大学衔接政策的制定与发展的历程。

一、渐进主义理论

(一)渐进主义理论内涵诠释

渐进主义理论是美国学者查尔斯·林德布洛姆(Charles Lindblom)在批判理性主义政策分析方法时提出来的。在他看

---

[1] 翁福元.教育政策社会学:教育政策与当代社会思潮之对话[M].台北:台湾五南图书出版股份有限公司,2015:104-105.

[2] 张金马.公共政策分析:概念·过程·方法[M].北京:人民出版社,2004:127.

来,政策制定的实际过程是对以往政策行为不断补充和修正的过程。这种政策分析方法的特点是:

第一,在稳定有序的政治系统中,尽管不同的政党轮流执政,但政党与政治领袖对国家基本政策的看法大体一致,差异很小。因此,政策上所做的调整或改变大多都是针对小的枝节问题,因而政策从长期发展上来讲是渐进的。在实际政治中,也不一定需要用许多的理论。

第二,尽管政策分析或制定中也会常常出现很多变量,但渐进分析只关注几个重要的变量,方案的选择上也仅限于少数几个。

第三,价值与事实在渐进分析中交互使用,互为一体。在现实政治中,基本价值已达成共识,因此无须再寻求各种不同的价值标准作为决策的标准。

第四,渐进分析主要以已有的政策与过去的经验为前提,只是对现行政策进行局部的、边际性的调适。这样的政策更可能为社会上一般人所接受,不会付出极高的社会成本。

依照以上的想法,林德布洛姆指出渐进决策需要遵循以下三个基本原则:

一是,按部就班的原则。渐进主义模式强调政策的连续性,认为新的政策方案只是对原有政策的修改与补充,渐进决策模式将政策看作是一个连续不断的过程,它包括出现问题、分析问题到解决问题,同时政策也是遵循规律进行探索、试验、渐进的过程,对现行政策加以修改,通过一系列小的变动,在维持社会稳定的前提下不断总结经验,开拓发展。

二是,积小变大的原则。从形式上看,渐进决策过程似乎进展缓慢,但是由一连串微小变化的积累可以形成大的变化。渐进决策要求通过一点一滴的政策积累,逐步实现根本变革现实的目的。

三是,稳中求变的原则。政策一旦做出就应该保持一定的稳定性,政策上的大起大落会造成社会的动荡,欲速则不达。在决策过程中需要在维持稳定的前提下通过一系列小变实现大变之目的。

综上所述,渐进主义理论无论从认识论还是从方法论的角度,都具有一定的合理性。从认识论上来讲,它从历史和现实的角度将决策运行看作是一个前后衔接的不间断过程;从方法论上来看,它注重事物变化过程中量的积累,以实现量变到质变的跨越,主张通过不断的修正,达到最终变革政策的目的。

(二)应用渐进主义的适用性分析

渐进主义理论对本研究的适用性可以从以下三方面进行阐释:

首先,美国政治体制具有典型的渐进主义。由于美国行政、立法和司法机关相互制衡,加上多元利益主体对政策决策进程有巨大的影响力,联邦政策解决问题时面临着相当大的阻力。往往政治决策的底线是让各利益方达成一致意见,大体满意。所以,整个决策过程体现出积跬步至千里的状态。最终出台的政策并不一定是最优的政策,而是一个能够获得绝大多数机构或组织认可的妥协性的政策方案。

其次,教育政策具有渐进主义决策模式的特点,是代表不同利益群体的决策参与者相互调适的结果。美国教育界存在着多种利益集团,如教师集团(教师工会)、家长、学生、宗教和种族集团等。在教育政策发展过程中,不同的利益集团之间有共识也有冲突。唯有经过各方面的协调和妥协,最后形成一个各方都能接受的,并将所面临问题朝改善的方向推进的方案才是有价值的。在教育界利益主体之间的妥协调适、良性互动过程中实现政策的动态均衡。

最后,作为一种教育政策,高中教育与高等教育的衔接政策具有教育政策的惯性,强调连续性。这也符合渐进主义按部就班和渐进调试的原则。美国高中教育与高等教育衔接政策的核心是联邦政府通过财政或监管措施改善高中教育与高等教育衔接不畅的问题,提升大学升学率和大学保留率。其政策的发展可谓是一个

"摸着石头过河"的探索过程。过河是因为要摆脱衔接不畅的困境,因而过河的总目标是明确的,即打破高中教育与高等教育的衔接壁垒;但是,由于不清楚河床的地势,只能选择一步一步摸着走,因此过河的具体走向是不明朗的,在"摸着石头过河"的过程中,通过不断地探索和修正前进的方向,高中教育与高等教育无缝衔接的长远目标最终得以实现。对于联邦政府来说,这样的政策过程就是正确而且是必然的决策选择。

从半个多世纪的政策变迁历程纵向来看,美国高中教育与高等教育衔接政策的出台至今经历了四个阶段,每个阶段都是对前一阶段的政策运行做出反馈,并及时回应:从20世纪60年代到70年代,衔接政策建立,以帮助弱势学生升入大学为主要目标;从20世纪80年代到90年代,衔接政策做出调整,兼顾了大学升学与职业准备的双重目标;从20世纪末到21世纪初,衔接政策的目标不再仅仅是大学升学率而是要兼顾大学保留率;从21世纪初至今,衔接政策则进一步发展完善。其政策执行过程是一步步进行政策上的微调,每次变化调整的幅度不大,只会修补一些政策上的缺陷,改变执行上的不力的地方,使政策在不同的时间节点上适应外部环境的需求,从而最大化地保证了政策的持续可行性。因此,美国高中教育与高等教育衔接政策变迁是谨慎的步步试错过程,明显地凸现出渐进主义模式的痕迹。从这个意义上来讲,用渐进主义理论来分析该政策的演进过程很适用。

二、多源流理论

(一)多源流理论内涵诠释

1995年美国政治家约翰·W.金登在科恩的"垃圾桶模型"的基础上提出了多源流分析的基本框架,试图去解释为什么有些问题被提上了日程进而产生了政策。金登提出,在政策系统中存在着问题、政策和政治三股不同的源流。"问题源流"引发了公共政策产生与变更的潜在需求。"问题源流"包括日常监控指标发生的变化、焦点事件的发生以及人为地使其变异、对项目信息的反馈。随后,一个由政府官员、研究人员、利益集团智囊和媒体等构成的政策共同体会提出各种备选方案和政策意见,从而形成"政策源流"。这些建议以各种方式提出之后,相互之间会不断碰撞,进而不断地被改进和重新组合。在一个政策选择过程中,有些符合模糊标准的思想得以幸存下来并成功推入议程,有些则被忽视或遗弃。"政治源流"是由诸如社会舆论压力、集团之间的竞争、选举结果,政党或者意识形态在国会中的分布状况以及政权的更替等因素构成。"政策源流"中的各个主体对政策的议程和最终结果都有重要的影响。金登认为,尽管这三条源流或多或少存在着一些联系,但它们彼此独立,其发生、发展和运作都不依赖于其他源流,议程和政策变化的关键是这三条源流在某一关键时间节点上耦合在一起。这个时间节点被称为"政策之窗",其实质就是三股源流发生变化,既定问题被推上政策议程的时机成熟。最可能促使"政策之窗"开启的是社会事件或政治事件。但是能否在"政策之窗"短暂的开启时间之内出台政策则关键取决于政策企业家的努力。政策企业家是指"一些倡议者,愿意投入自己的资源——时间、精力、声誉以及金钱——来促进某一主张以换取表现为物质利益、达到目的或实现团结的预期未来收益"。政府官员、文员、院外游说者、学者或者律师等都可以是其中成员。政策企业家的努力包括:推动问题的显性化使其在政策议程中占据有利位置、开展其所倡导的政策建议的"软化"活动,以及在"政策之窗"打开之时促使自己的政策主张与"问题流""政治流"相结合,上升到政策议程,达到政策结果。具体过程可参见我国学者曾令发根据金登的相关描述勾勒出的"政策议程多源流分析示意图"。[①](具体见图2.1所示)

  金登的多源流理论自提出之后便受到了广泛的关注和讨论,其最主要的贡献是通过对政策过程中的各方参与者及其在政策议

---

① 曾令发.政策溪流:议程设立的多源流分析[J].理论探讨,2007(3):136-139.

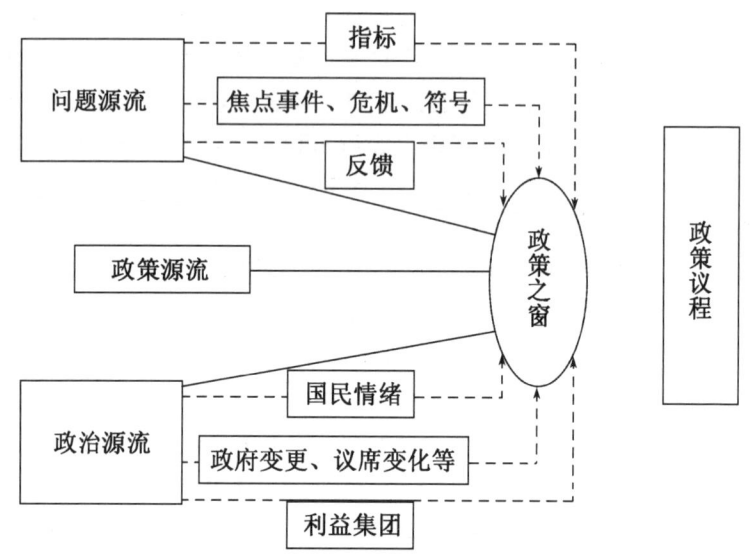

图 2.1 政策议程多源流分析示意图

资料来源:曾令发.政策溪流:议程设立的多源流分析[J].理论探讨,2007(3):136-139.

程和备选方案的阐明中所处的地位、所发挥的作用与所利用的资源等的详细解析,为我们打开了政策过程的"黑箱",使我们能对这一过程有清晰的认识和了解。[1]

(二)应用多源流理论的适用性分析

多源流理论是分析政府前决策过程的经典理论,研究涉及从公共问题获得政府部门的关注,到问题被提上议事日程,直至备选方案从政策"原汤"中进入政府决策者的视线而最终被确定下来的整个过程。高中教育与高等教育衔接问题自美国建国之后一直存在,但一直到 20 世纪 60 年代,联邦政府才开始出台政策改善衔接不畅的状况。为了能够清晰透彻地分析高中教育与高等教育衔接

---

[1] 陈建国.金登"多源流分析框架"述评[J].理论探讨,2008:125.

政策出台的过程，研究高中教育与高等教育的衔接问题是如何从众多问题中突出重围进入决策者视野的，之后又怎样进入议事日程，备选方案如何形成，等等，本书选择金登的多源流理论框架对上述的这些问题进行研究。通过问题源流分析美国高中教育与高等教育衔接问题是怎样形成的；通过政治源流分析美国高中教育与高等教育衔接问题涉及哪些利益集团，他们之间在政策形成过程中存在怎样的博弈关系，以及代表弱势群体利益的政治力量是如何将问题推入政府议程的；通过政策源流解读有哪些政策供给者致力于提供高中教育与高等教育衔接不畅问题的解决方案以及具体的意见和建议，最关键的还是需要分析这些解决方案中哪一个成为最终方案以及为何其他方案在政策"原汤"中无法幸存。在完成对三股源流的探讨之后，本书继续分析由哪一个偶然事件形成触发机制开启了"政策之窗"，从而促成这三条源流的汇合，最终推动高中教育与高等教育衔接政策的出台。由此看来，应用多源流理论能够将美国高中教育与高等教育衔接政策的制定过程进行有逻辑、有条理、分层次的剖析，有助于大家清晰地了解政策出台的前因后果。总之，多源流理论对于研究美国中学和大学衔接政策，尤其对从政策提出到形成的过程具有较强的理论适用性。

三、两种理论的关系解读与结合互补

实际中的政策分析往往综合运用多种模型。对同一政策进行分析，可以用不同的模型来分析其制定和执行过程。每种模型都存在适用范围和缺陷。所以，对不同的政策，要根据其特点灵活运用。基于渐进主义与多源流理论的共通与互补性，本书试图运用这两种理论作为综合解释框架来分析美国高中教育与高等教育衔接政策的制定和发展过程。

政策分析涉及从问题发现到问题解决的整个过程。渐进主义与多源流理论都是公共政策分析的重要理论，这两种理论有其共通之处，即都是从"现象视角"来解析公共政策的政策过程。两种

理论均以公共政策的时间现象为线索,剖析在公共政策的时间现象背后的利益、权力、知识、制度等关系。林德布洛姆运用渐进主义理论来描述决策"按部就班、修修补补"的时间性特征。金登则对政策议程设置的时间性特征进行最为系统的阐释。金登揭示了议程设置的偶然性和时机性,使公共政策研究突破了理性分析的传统,从而将政策共同体与更宽泛的重大事件相结合,为政策分析提供了一个全新的视角。

然而,这两种理论也都有自身固有的理论缺憾,并不能对所有政策或是政策过程中所有阶段都具有解释力。金登在其著作中指出,渐进主义分析模式虽然在议程设置上适用性较差,但其对于备选方案和政策建议的拟定具有很强的解释力。然而在构建自身理论模型时,金登只是着眼于三条源流汇合推开"政策之窗",促成政策出台的过程,而并未能从时间长轴上去检视三条源流的形成是渐变的还是突变的,以及政策出台后变迁的过程。而实际情况是,正如渐进主义分析模式所阐述的,除非是一个完全崭新的政策,一个政策的变更由于受到稳定的政策系统、前期的投入与技术的限制,其总是与之前的政策存在着或多或少的联系。因此,这种时间维度上前后关系构建的缺失使得多源流理论在政策分析时存在着解释力不足的现象。虽然金登成功地打开了决策"黑箱",但根据金登的理论,通过"政策之窗"输出的政策未必一直保持稳定不变,其发展走向有很大的不确定性。这也是多源流理论的一大缺憾。而渐进主义理论恰恰可以弥补这个缺憾。渐进主义理论抓住了政策前后变化的内在联系,因此通过分析在时间长轴上政策渐进变化的进程,可以清晰地把握政策运行的脉络,了解政策的执行是否真正解决了问题。

事实上,多源流理论主要研究的是政府前决策过程,主要包括以下两方面内容:其一是公共问题如何获得政府官员的关注进而提上决策议程;其二是各种备选方案如何阐明,"软化",进而能够在政策"原汤"中幸存下来。具体来看,多源流理论的研究重点在于剖析"政策之窗"的开启,三股源流的汇合以及政策企业家推动议程设置的过程。而渐进主义理论则适用于描述比较连续稳定的变化现象。因此,渐进主义理论更常用于政策的后期分析,描述政策形成过程,以便阐释和评价政策结果。如果说多源流理论侧重于研究政策制定的各股源流发展的时间走势以及它们之间的耦合情况,那么渐进主义理论侧重于研究政策运行过程中所做的调试与修补。由此可见,这两种理论在分析公共政策过程上可以互为补充、相辅相成。单独运用多源流理论进行政策分析无法对公共政策的制定与发展过程给予一个充分、完整的解读,需要将多源流理论与其他理论相结合进行研究,而渐进主义理论恰好可以弥补多源流理论在政策分析上所存在的不足。因此,将多源流理论与渐进主义理论结合起来分析公共政策的制定与演进过程具有较强的必要性。

综上所述,多源流理论与渐进主义理论结合起来研究公共政策过程既具备理论上的必要性,也具备理论上的可能性。鉴于这两点,本书将这两种理论相结合研究美国高中教育与高等教育衔接政策的制定与发展的过程,从而可以更加科学、充分、有效地剖析政策出台背后的动因,把握政策变迁过程中所经历的每一步调整和变化。

四、两种模型的综合对美国高中教育与高等教育政策衔接的适用性

这两种理论很适合用来分析美国高中教育与高等教育衔接政策的制定和变迁过程。首先,美国的高中教育与高等教育由于目标和理念的差异,一直存在衔接不良的现象。但起初由于大学是精英教育,服务于少数精英阶层,所以从高中教育过渡到高等教育只需要狭窄的衔接通路便能满足需求。然而,随着高中教育的普及,更多的中学毕业生有进入大学学习的愿望;与此同时,高等教育也向大众化发展,在高等教育体系内出现了不同层次和类型的大学/学院,为学生提供了更多接受高等教育的机会。于是,在经历了近一个世纪的发展之后,高中教育与高等教育的衔接通路拓宽,形成了一个网状的体系。在衔接体系形成的漫长过程中,衔接不畅的问题一直存在,外力与内力也在助推这个问题进入议程,但直到20世纪60年代联邦政府才出台政策。政策的制定过程吻合金登的多源流理论,即在政策出台之前,三股源流便存在并且独自流淌,直到某个时间节点,一个偶发事件开启"政策之窗",三股源流汇合,问题则被推入议程,最终出台政策解决问题。其次,也正是由于美国高中教育与高等教育的衔接问题不是突发的危机事件,美国联邦政府解决问题的方式也必然不会是应对突发危机的激进政策。美国的高中教育与高等教育衔接政策在稳定的前提下,每次变化的幅度不大,只会改变一些政策上的缺陷的地方,还有执行上的不力的地方,最大化地保证了政策的持续可行性。其发展是一个渐进的过程,是一个积少成多,不断修修补补的过程。故本书以渐进主义理论为分析主线,借鉴多源流理论中问题、政治、政策三个影响因素以及"政策之窗"开启推动政策出台等分析概念对美国高中教育与高等教育衔接政策变迁过程进行分析。

本章小结

本章对政策的内涵进行了比较以及界定,梳理了政策分析理论从理性、有限理性到非理性的发展脉络。但鉴于政策分析并没有固定的模式和一成不变的方法,在针对实际政策进行分析研究时往往一种政策分析理论框架并不具有足够的解释力,因此多种理论框架的综合运用能实现互补,更好地完成政策过程的分析与探究。本书选取了渐进主义和多源流理论作为框架对美国高中教育与高等教育衔接政策进行分析研究。作为两种重要的政策分析理论,渐进主义和多源流理论之间存在着共通之处,两者都关注政策中的时间特征;两者又都有着理论上的缺陷,但当两者结合去分析政策时却能实现缺陷互补、优势互补。本章验证了政策制定时多源流之间的有效结合和政策发展的渐进性,支持了这两种理论综合模型在美国高中教育与高等教育衔接政策分析上的适用性。

第三章

美国高中教育与高等教育衔接政策的历史背景

　　美国的高中教育与高等教育的衔接问题是随着高中教育与高等教育的发展而逐渐显现出来的。一般来说,教育制度呈现出先两端后中间的延展过程,高等教育制度和初等教育制度往往先于高中教育制度发展。而美国早期的高中教育与高等教育制度是借鉴和移植了欧洲教育模式,因此其高中教育与高等教育的发展和衔接带有欧洲的原生血统,但又有着鲜明的特色。美国向来是不满足、求变化的民族,为了尽快发展自己的教育,美国不断改革旧的传统教育,以无畏的勇气不断地进行反思以及自我修正,从而将高中教育与高等教育带入发展的快车道。中学的发展在预备性教育和终结性教育目标的矛盾张力中前行;学院和大学的发展与扩张也使得高等教育从精英教育转化成大众教育。其间,美国摆脱了欧洲"基因",逐步创建了"美国式"的独特的高中教育与高等教育的衔接体系:从早期的狭窄通路衔接,到中期的调整磨合与衔接口径拓宽,直至后期的逐步规范和网状衔接体系稳固。早期具有大学预备学校性质的中学服务对象范围小,高中教育与高等教育之间形成狭窄的衔接通路;在调适与磨合期,高中教育迅速发展却造成高中教育与高等教育衔接的错位,教育界积极寻求解决方案,衔接口径拓宽;在后期,政府开始增加教育投入,社会各界也鼎力参与,高中教育与高等教育衔接的网状多层衔接体系趋于稳固。

第一节　殖民地时期：高中教育与
　　　　高等教育衔接通路狭窄

美国高中教育与高等教育的衔接可以追溯到殖民地时期。17世纪初，英国移民一踏上新英格兰的土地便迫不及待地兴办拉丁文法学校和学院。1635年，仿照英国文法学校模式的拉丁文法中学在波士顿创立，这是北美大陆上第一所中等教育机构。次年，即1636年，哈佛学院在马萨诸塞湾殖民地建立，这是美国第一所高等教育机构。饥寒交迫的新移民义无反顾地将他们的未来领袖送入学校接受教育。半个多世纪之后，美国又陆续创办了另外八所高校：威廉·玛丽学院(1700年)、耶鲁学院(1701年)、新泽西学院(1746年，今普林斯顿大学)、国王学院(1754年，今哥伦比亚大学)、费城学院(1755年，今费城大学)、罗德岛学院(1764年，今布朗大学)、昆士学院(1766年，今鲁吉尔大学)以及达特茅斯学院(1769年)。但尴尬的是，当时美国并没有正规的初级教育学校。1642年马萨诸塞州首先通过立法规定家长有义务让儿童学习宗教信条以及一些重要法律；有意让子女就读文法学校的家长需要在家教育子女或者把他们送去私立学校学会基本读写技能。但大多数家庭没有能力让儿童完成初级教育。所以，当时高中教育与高等教育只是少数人享有的特权。

此外，殖民地政府移植了英国的教育模式，严格控制着学院和学校数量的增长。在大多数殖民地，存在着"一座城，一所学校"和"一个省，一座学院"的垄断状况，因为殖民政府只给一个城市内的一所学校和一个省内的一座学院颁发办学许可证。因此，美国最早的中等教育也正是因为初级教育的缺失以及殖民地政府的垄断政策从而将大众挡在了门外，其服务对象局限于少数富家子弟群体，因为很少有普通家庭承担得起年轻劳动力离开家庭或者生意的损失。无疑，殖民地政府制约着中等教育与高等教育的发展。

同时,学校教育主要的目的是为了保留宗主国输入的欧洲文化,传递固定的社会秩序,培养牧师和统治精英阶层。因此,其课程设置体现了这一目标,即以拉丁文、希腊文、希伯来文、《圣经》、修辞学为主要课程。其教学内容脱离实际生活的需要,与大多数美国人的家庭经验疏远。带着英国血统的拉丁文法学校主要服务于那些想要升入学院的贵族子弟,其实是殖民地学院的预备学校,因此拉丁文法学校在课程上与学院对接,具有鲜明的为学院升学做准备的功能。当时的高中教育存在的首要原因是为高等教育做准备的,因此衔接的问题也就不存在了。这种"无缝衔接"的状况一直持续到18世纪中叶。

第二节 建国前后至南北战争时期:中学功能定位冲突引发的衔接错位

18世纪中叶的美国,在政治上需要统一,生产上需要发展,商业上也急需扩充。当时的美国社会亟须大批有实际知识的人才。于是,一批有识之士开始积极倡议创建一种兼顾升学与就业需要的中等学校,以适应资本主义的发展。富兰克林作为新兴资产阶级的代表,积极倡导科学知识的实际应用,主张给年轻人教授实际有用的知识。1749年,富兰克林在一篇题为《对宾夕法尼亚州青年教育的几点意见》的论文中明确阐述了这一观点。1751年他创设了美国第一所文实中学。文实中学的出现,将高中教育定位为预备性与终结性教育的双重功能,即高中教育为一部分学生以后在学院学习做好准备;另一部分学生将中学教育作为教育生涯最终目的地。美国建国后,文实中学逐步取代了拉丁文法学校。为了满足青年人的准备升学或就业的需求,文实中学的课程设置自由灵活且多样化,既设有诸如英语、拉丁语、希腊语、修辞、演说等传统课程,也设有现代外语、算术、几何、代数、三角、天文、地理、航海、测量、簿记等实用课程，还提倡学习农学、园艺学。① 独立后的美国高中教育一方面保留着原有的拉丁文法学校，另一方面推广文实中学。因为文实中学兼顾了传统的古典教育与实用的科学教育，兼顾了升学和就业，很受社会欢迎。

但是，一方面，由于文实中学大都规模不大，加之教学计划的不完善，很多文实中学实际上很难开设完整、系统的双轨制的课程。另一方面，由于拉丁文法学校的衰落，学院出现生源匮乏的危机，这就引发了文实中学功能定位与学院招生需求之间的矛盾。这种状况最终导致学院对文实中学不断施加压力，于是文实中学的升学预备性教育功能被强化，而终结性教育目标则被边缘化。文实中学渐渐减少了实科，不再具有文实兼顾的功能，转而回归到了拉丁文法学校的角色，成了单一的大学和学院的预备性学校。文实中学兴起时设定的升学与就业兼顾的民主化目标定位并未能实现。因此，在建国前后的几十年间，高中教育与高等教育的衔接实际上是由拉丁文法学校和文实中学来承担的。

独立战争胜利后，美国开始了大规模的"西进运动"。在西进运动中，美国政府对教育的发展十分重视，大力扶持高等教育。1785年土地法令颁布之后，西部各州普遍拨地兴学，每个州都可以因为兴办一所公共学院而获得一片土地。于是，南部和西部各州纷纷建立州立大学，并且开展免费教育。这项政策大大丰富和扩大了高等教育体系。进入19世纪二三十年代，美国城市开始了迅速工业化的时期，需要大批建设人才，蓬勃发展的工业革命对劳动力提出了文化教育的要求。同时，美国受民主潮流的影响，选举制度要求选民都要具有一定的文化程度，工人阶级的活动也发展为争取教育平等权力的运动。经济的增长、生活水平的提高、民主的诉求催生了人们对教育的渴望。一场教育的革命拉开序幕。为更多人提供初等教育以上的受教育机会是这一革命的主旨。美国

---

① 曹炎申.美国教育[M].上海：商务印书馆，1937：15.

掀起了公立初等学校运动。各地广泛建立由公共税收维持、行政机关监督、向所有儿童免费开放的初等学校。大批儿童接受初等教育后,要求继续学习。而当时的主要高中教育机构——文实中学基本上是私立收费的,所以教授的学生有限,无法满足人们完成初等教育后继续求学的需求;有的质量较好的文实学校又以升学为主要的教育目标,无法为社会直接输送各种实用型人才。而且也就在这一时期,文实中学开始走向衰落。政府则开始着手在一些工、商业发达的城市创办水平较高的中学,以满足社会工、商业等发展的需要。工人阶级也希望获得平等受教的权利,因此为设立公立免费中学进行了不懈的斗争。最终,在多方的斡旋与努力下,1821年在波士顿建立了美国历史上的第一所以公共税收维持的中学。

也正是由于19世纪二三十年代工业的发展,自然科学与实用技术日益受到公众的青睐,美国高校中的古典学科以及"文理并举"(经典审美与科学原理)的教育方式遭到批评和攻击。[①] 不少学者倾向于开展实用性教育,主张放弃古典学科,转向着重讲授实用学科。对此耶鲁大学校长杰里迈亚·戴(Jeremiah Day)并不赞同。1827年杰里迈亚·戴组织了一场关于是否应该放弃古典学科以及如何应对当下各种纷繁复杂矛盾的讨论,并于1828年以报告的形式将此次讨论的结果发表,这就是著名的《耶鲁报告》,也称《教学课程报告》。[②]《耶鲁报告》捍卫了古典课程在大学教育中的地位,强调了大学教育的目的是训练学生的各种心智能力,为今后职业生涯打好扎实的基础。这份报告同时也为美国的教育规划出了一幅蓝图:美国需要两种类型的学院,这两种学院都可以为学生的就业做准备。一类是像耶鲁这样的人文学院;另一类是位于城市的"人民学院"或位于乡村的文实中学。人文学院作为高等教育

[①] 曹春春.耶鲁报告解读[J].淮北职业技术学院学报,2013(1):73-74.
[②] 曹春春.耶鲁报告解读[J].淮北职业技术学院学报,2013(1):73-74.

机构提供全面的基础性教育,为学生进入所有的专业研究及职业生涯做好准备;而"人民学院"作为高中教育机构则强调为生活做准备,为学生提供商业、机械等专业领域的实用教育,为今后从事相关具体职业做准备。[①] 当时的文实中学大多已将升学视为主要办学目标,就业准备的功能弱化,所以实际上并非真正的"人民学院"。而于1821年在波士顿成立的第一所公立中学——英文中学(English High School)成为真正意义上的第一所"人民学院",它向所有人开放,为那些不想上大学或上不起大学的人提供受教育的机会。作为一种全新的、无阶级差异的高中教育机构,它是承袭了富兰克林公民教育思想的文实中学"公立化"的变体。它高举民主的大旗,倡导教育公平,不再重视外语类课程,也无意专门提供大学的预备性教育。在接下来的半个多世纪中,文实中学与公立中学并存。文实中学主要进行学院的预备性教育,而"人民学院"型的公立中学的办学目标则是进行终结性教育。

在数量扩张的同时,高中教育面临着发展的困境。一方面,高中教育的质量并不乐观,甚至是处于混乱的状态。在全国各地广泛存在着中等学校名不副实的现象。在有些地区,所谓的中学(high school)只是一两间校舍的普通学校,其招收的孩子只是年龄偏大而已。在一些农村地区,"中学"实际上就只是小学高年级的代名词。中学在课程设置上无章可循,因此造成教学上的混乱与无序。这一状况导致准备升入大学的学生的受教育水平参差不齐,有很多学生不符合大学的入学要求。另一方面,大学受到中学的实用性课程建设的影响,其招生要求也发生了一些变化:考察的科目多样化,即除了古典课程(如拉丁文、希腊文)以外,还需要增加一些实用性课程的考核。以19世纪中期芝加哥大学为例,其入

---

① Jurgen Herbst. *The Once and Future School* [M]. New York: Routledge, 1996: 37.

学考核科目包括英文、拉丁文、数学、历史以及现代语言。[①] 到19世纪中期,由于中学快速发展,想升入大学继续学习的学生也日益增多。但是,当时各个大学的招生要求和途径不一致。中西部的大学往往通过大学管理人员对相关对口中学的课程进行考核认证,录取这些中学的毕业生;而东部的大学/学院更偏向采取入学考试的形式进行招生录取。例如,哈佛的入学考试包括10门科目的测试:地理、代数、几何、物理几何、英文语法、英文作文、古代史、美国史以及拉丁文和希腊文。而且,大学还会随意地更改招生的条件。这种混乱多变的招生状况造成中学在为学生做升学准备时无标准可依,高中教育与高等教育之间的衔接不畅。

高等教育在19世纪倍加受到重视,呈现出扩张的趋势。几乎每个州都陆续兴建了一些新的学院。这些新兴学院的主要经费来源是私人捐款和学生的学费,大多都是自立维持生存。由于基础教育普及率不高,高中教育与高等教育之间又存在着较大的裂缝,有能力支付学费并申请进入学院学习的学生中能够完全符合入学要求的人数十分有限,因此这些学院面临着生源匮乏的状况,陷入生存窘境。为了解决这一问题,大学开始实行"有条件录取"(conditional admission)政策,为那些入学准备不足的学生提供两年至四年不等的教育项目,帮助这些学生顺利过渡到大学课程的学习。随着大学入学人数的增多,需要参加这一类型的入学准备项目的学生人数日益增加,有些大学便成立了大学预科系(college preparatory department),主要为入学准备不足的学生提供诸如阅读、写作和数学等补救课程。大学预科的模式迅速在美国推广开来。到1889年,全美有超过80%的大学和学院开设了大学预科项目。[②] 这也算是为中学课程与大学课程的衔接做出的一项有

---

① Andrew V. Beale. The Evolution of College Admission Requirements[J]. *The National ACAC Journal*, 1970(3): 20 - 22.

② E. Brier. Bridging the Academic Preparation Gap: An Historical View[J]. *Journal of Developmental Education*, 1984 (1): 2 - 5.

效的弥补措施。

第三节　19世纪末20世纪初：高中教育与高等教育关系调适与衔接通路拓宽

　　南北战争后,随着工业化的推进,美国社会对高级技术人才的要求越来越强,以往那种以文实中学作为高中教育主流的教育制度是以培养初级技术人才为目标而存在的,显然已无法适应当时美国的社会需求。于是美国开始兴起公立中学运动,从中部逐渐蔓延至全国。许多地方不断拨款建新校,特别是1872年密歇根州最高法院做出关于可以用地方税收办公立中学的判决后,地方从此拥有按照地方社会需要开办中学的权利,这使美国中学教育得到了巨大扩展。各州的公立中学迅速增加,并逐步取代文实中学,成为美国中等学校的主要类型。到19世纪末期,文实中学在美国高中教育中的主导地位逐渐丧失,或改为公立学校,或被出售。由于文实中学数量急剧下降,为大学输送的生源也锐减,因此大学出现了生源短缺的现象。为了保证生源,大学开始向公立中学施压,要求公立中学应当为大学输送合格的学生。于是,公立中学创办之初的"人民学院"理想,即主要提供终结性教育,为生活做准备的功能定位受到冲击。在多重压力之下,公立中学开始承担大学预备性教育的职能。公立中学作为"人民学院"而存在的时代也自此画上句号。当公立中学被赋予为弥合小学与大学之间的裂缝而存在的功能,公立中学在为生活和为升学做准备这两个教育功能之间发生了"认同危机"。到1890年,几乎所有文实中学的毕业生和五分之四的公立中学毕业生都升入大学。[①] 所以,大学乘势提出公立中学应该担负向大学输送合格新生的责任。与此同时,当时

---

　　① Nelson L. Bossing. The Problem of Articulation between Secondary and Higher Education[J]. *The High School Journal*, 1941 (4): 157-164.

大学招生条件多变而混乱,让中学无法帮助学生做好充分的升学准备,因而中学叫苦不迭。在这种情形下,中学则呼吁大学有明确、稳定的招生要求。一场变革已经势在必行,但是由于美国实行的是"主权在州"、高度分权的教育管理体制,没有一个具有权威的全国性的政府机构负责处理全国性的教育问题。在这种情形下,教育专家以及各界人士就中学的目标和定位以及高中教育与高等教育课程如何衔接开展了一场声势浩大的讨论。这场讨论的结果就是高中教育与高等教育共同协商、合作重塑美国教育体系,解决危机。在这次全国性的教育改革中,大学占据主动,成为推动衔接链形成的主导力量,促成了高中教育与高等教育的短暂和谐衔接。

一、大学对中学的考核认证项目:解决高中教育与高等教育衔接问题的最初尝试

密歇根大学是这次改革中的领头羊。19世纪70年代,其第三任校长詹姆斯·安吉尔(James B. Angell)大力推行对中学进行考核认证的项目,改变了大学与中学之间的关系。自此,原先高中教育与高等教育衔接的狭窄通路被打开。安吉尔从就任之日起便致力于将密歇根大学从一所不知名的高校建设成一流的大学并成为19世纪美国工业大发展输送大量人才的基地。实现这一目标的关键在于优秀的生源。因此,安吉尔非常重视与为大学输送生源的中学加强联系。事实上,在安吉尔上任之前,密歇根大学就与其校区所在地的安娜堡中学(Ann Arbor High School)有一项特殊的录取协议,即只要是该校的毕业生就可以直接进密歇根大学。安吉尔凭借其敏锐的洞察力和预见性,大举将这项措施进一步推广,从而保障密歇根大学可以招收全州的优秀中学毕业生。密歇根大学派遣教授到密歇根州各个中学检视学校的实际教育水平,对各中学的教学能力、课程设置以及学生的学业水平等做出综合评定,以确定中学是否具备培养合格准大学生的资质和能力。任何一所通过密歇根大学教授考核的中学,都会获得大学颁发的认证证书。获得认证中学的毕业生不用参加大学入学考试,只需凭借该校的毕业证书或者校长及州长的推荐信便可以直接升入密歇根大学学习。为了长期保证生源的质量,获得认证的中学仍需要接受定期的审核(一般每 1—3 年一次);如果审核不通过,该中学将从认证名单上除名。在认证项目执行的第一年(1871 年),仅有 6 所中学获得认证,这些学校的 50 名毕业生免试直接升入密歇根大学。随后几年,参加考核认证的中学数量持续增长。1884 年,密歇根大学开始将认证项目的范围扩大到本州以外的地区,如纽约州、加利福尼亚州、伊利诺伊州、威斯康星州和明尼苏达州。1890 年一年就有 82 所中学获得认证,有 164 名学生免试入学。到 19 世纪 90 年代中期,密歇根大学平均每年考核 68 所中学,每年有 2—3 所中学因没能通过考核,无法获得认证。

在认证过程中,教授深入各所中学进行实地考察,与教师及管理人员进行交流,加深了对中学的了解。一方面,这种良性的沟通与互动使大学招生条件和标准的制定与中学实际状况更合拍,更趋合理,同时也能够敦促中学更加专注于教育质量的提高;另一方面,大学教授的到访也无疑使中学生对大学有更清晰的认知,不再将中学视为教育的终点,能够激发中学生的升学意识和意愿。这个项目的实施大大改善了高中教育与高等教育脱节的状况,简化了招生程序,增加了高中教育与高等教育衔接政策的透明度,从而获得了成功。密歇根大学这一认证模式迅速在全美得以推广。到 1896 年,美国有 42 所州立大学和农学院,以及大约 150 所学院采用了认证项目。到 19 世纪 90 年代,除耶鲁大学、哈佛大学以及大西洋地区几个州的大学以外,证书录取制已成为美国高校通行的招生制度。

随着采用认证项目的院校日益增多,为了减轻大学审查中学的负担,缓解中学每年接受多个大学检查的压力,不少院校在招生上开始进行合作,即大学的招生对象不再只局限于本校认证的中学毕业生,其他院校认证的中学毕业生也进入招生范围。到 20 世纪初期,随着申请入学人数的激增和招生区域的扩大,跨州的地区性专门认证组织开始形成。新英格兰学院和预备中学协会(New England Association of College and Preparatory)和中西部地区协会(North Central Association)等六大地区性认证机构先后成立。它们的主要职能是鉴定中学,获得认证中学的毕业证书可以得到本地区大学的承认。这些地区性的认证机构为中等学校和高等院校之间的沟通与衔接搭建了一个平台,使得采用认证项目招生的各个院校在入学标准上趋于统一,大大简化了中学进行大学预备性教育的内容与方法。

值得一提的是,对于很多当时设有预科系的院校,认证项目实施的意义则更为重大。19世纪中后期,很多大学为了吸引生源以确保长期稳定的财政收入,开设了预科系。预科系的设立为原本不具有升学机会的学生提供了上大学的机会。但作为一项弥合高中教育与高等教育间裂缝的补救措施,其弊端也显而易见:本应在中学完成的大学预备性教育上移至大学阶段,模糊了高中教育与高等教育的界限,造成高中教育与高等教育关系的紧张。很多中学校长对大学成立预科系公然表示不满,认为"中学被迫与大学的预科系进行竞争",[①]预科教育本应属于中学阶段,所以建议关闭大学预科系;而大学则认为,能提供合格的大学预备性教育的中学寥寥无几,因此为了保证生源,为学生提供预科教育实属无奈之举。认证项目的出现则被视为是修复高中教育与高等教育关系的一剂药方。以威斯康星大学为例,在19世纪70年代,有近一半的新生进入预科系学习。1876年,威斯康星大学的校长约翰·巴斯科姆(John Bascom)决定效仿密歇根大学,以提高中学教学质量,关闭预科系为最终目标,开始采用认证中学项目。巴斯科姆花了

---

① Marc A. VanOverbeke. *The Standardization of American Schooling: Linking Secondary and Higher Education, 1870—1910*[M]. New York: Palgrave Macmillan, 2008: 64.

四年的时间筹备,他深入了解中学具体教学状况,逐步鼓励中学提高教学质量和标准,也同时提高了威斯康星大学的入学要求。到1880年,巴斯科姆认为时机已经成熟,宣布废止了威斯康星大学的预科系。在关闭预科系后,威斯康星大学的入学率并未受影响,一直保持稳定。威斯康星大学预科系的成功废止也正契合了安吉尔在密歇根大学推行认证项目的初衷,即提高中学教学质量,最终提升大学的入学标准。事实上,安吉尔在推行中学认证项目时深知欲速则不达的道理,因此他并没有打算一蹴而就。他按部就班地推进认证项目的开展,随着大学与中学的交流日趋增多,大学开始以建议的形式对中学提出增设一些课程的要求;然后,根据中学课程的改革情况,适时适度地提高招生入学标准,最终提升大学课程的难度。其中成功提高科学类课程要求便是一个典型的例子。密歇根大学通过要求其认证的中学增加科学类课程的广度和难度,提高了在科学科目上的入学条件,从而成功地将基础性的科学课程移出大学课堂。事实证明,中学认证项目增进了高中教育与高等教育之间的联系,修复了高中教育与高等教育的关系;同时中学教育质量的提高也确保为大学输送合格的生源。

但在认证项目实施过程中也并非没有不和谐之音。有些接受认证的中学就某些课程的设置与否的问题上与大学产生了分歧。分歧的原因并不是大学建议开设的课程太难,而是中学认为它们的学生不需要。在认证项目实施过程中,此类矛盾常常出现。究其深层原因,正如安娜堡中学的一位督导指出,"中学的责任更多地在于帮助学生适应实际生活,而为大学升学做的预备性的教育,至少目前来说,并不能让所有学生更多地受益"[1]。归根结底,这是一场关于中学目标定位的争论:中学到底为生活准备还是为大

---

[1] Marc A. VanOverbeke. *The Standardization of American Schooling: Linking Secondary and Higher Education, 1870—1910*[M]. New York: Palgrave Macmillan, 2008: 56.

学升学准备。

二、《十人委员会报告》：高中教育与高等教育衔接问题的全国性解决方案

当大学对中学进行大规模考核认证的同时，中学也对大学施加着压力。因此，大学对中学教授的现代实用课程开始接受并认可，这些课程也渐渐被纳入大学入学要求的科目；针对中学开设的一些科学或工程类的现代课程，有些院校还增设了相应的学位。大学做出的这些课程上的回应和调整减轻了中学因为双重办学目标而开设不同课程的负担。但糟糕的是，一些大学借由新增设的这些科学类的学位，降低招生标准，以吸引生源，从而造成科学学位的含金量较低。大学的这一举措非但没有促成高中教育与高等教育的有机衔接，在某种程度上，甚至削弱了两者之间的衔接度。当时的哈佛大学也面临着同样的问题：新设的科学学院的学术水平也不高，远落后于其古典学科的水平。对此哈佛大学校长查尔斯·W.埃利奥特（Charles W. Eliot）感到很不满意。在四十年的任期内，埃利奥特一直试图改变这种状况，由此解决因为不同学位授予标准高低不一致而带来的矛盾。一方面，埃利奥特拒绝增设科学或工程类的学位；另一方面，为了吸引中产阶级家庭的学生生源，使学生准备升学的难度降低，埃利奥特拓宽了入学要求，将现代课程的科目与原有的古典课程一起纳入入学条件。此外，埃利奥特还做出了一项重大的调整，即希腊文不再是基本入学考核要求之一，学生可以用数学或物理等现代课程作为替换科目申请入学。也正是由于埃利奥特等一些著名教育家的大胆改革尝试，越来越多的大学将现代课程纳入入学要求，并成为大学的学分课程。但当时教育界对中学是否应当设立统一的课程体系以实现其为生活和升学做准备的双重目标仍存在着意见分歧，而且很多教育家对美国高中教育与高等教育之间的衔接状况不甚满意。

1888年，查尔斯·W.埃利奥特在美国教育协会（National

Education Association)举办的全国教育局长会议之前发表了一个名为《能否缩短且丰富学校课程?》(*Can School Programs Be Shortened and Enriched*)的演说。① 在演说中,埃利奥特指出美国学生的学业表现远落后于同年龄的欧洲学生,② 而且大学生的毕业年龄平均比欧洲大学生要大两岁,这是美国教育的缺憾;造成这一现象的根本原因在于美国教育体系中各个教育阶段的衔接不畅。埃利奥特的这场演说具有里程碑式的意义,它开启了美国教育界对于高中教育与高等教育衔接问题的大讨论。1890年,在美国教育协会的一次会议上埃利奥特更一针见血地指出,美国的中学教育是教育体系中最薄弱的一环;美国没有一个州存在真正的中学教育;现有的中学教育体系中的公立中学、文实中学、大学的预科系和一些私立学校没有一个统一的标准,没有统一的监管体制;乡村地区几乎没有公立中学,而城市里的公立中学受地方政府管控,只短视地关注社区利益。他以理应拥有最好的中学教育的马萨诸塞州为例,少于十分之一的中学开设了为学生升入本州的哈佛大学或其他高等院校做准备的课程。对此他提出,要弥合各个教育阶段间的裂缝,需要创建更多的学校以及为现有的学校设立统一的更高的标准。③ 此外,美国大学或学院的入学条件没有统一标准,由各学校自行设定,这也给中学和大学之间的过渡和衔接造成极大困难。为了解决这一问题,美国教育协会于1892年成

---

① George A. Stanic. Mental Discipline Theory and Mathematics Education[EB/OL]. http://www. flm-journal. org/Articles/6F9A84FC509C2D73F45435A001FB0. pdf. 2015-10-10.

② Committee of National Counci of Education. Some Noteworthy Efforts Toward Economy of Time[J]. *School Life*, 1924(7): 155.

③ Henry J. Perkinson. *Two Hundred Years of American Educational Thought* [M]. Boston: University Press of America, 1976: 151-152.

立了"十人委员会"①,其主要任务是就美国中学课程设置情况进行调查并提出建议。埃利奥特被任命为"十人委员会"的主席,其他成员包括大学校长4名、中学校长2名、教授及中学教师各1名、教育行政官员1名。

1892年12月,"十人委员会"便召集了全国各地大学与中学的代表,举办了九次会议探讨九个学科的中学课程设置方案。每次会议都在不同的地方举行,均有十名代表参加,针对不同的学科展开研讨。② 与会的代表职业背景及个性各不相同,会议地点也不同,但这九次会议针对埃利奥特在过去五年间提出的一些主要问题③进行讨论的结果却惊人的一致,即应该设置统一的中学课程大纲的提案。其中就是否有必要为继续升学的学生和毕业后直接就业的学生开设不同的课程的问题,与会代表也一致认为这两类学生不应区别对待。他们认为心智训练对所有中学生的成长是必要的,因此全体中学生都应该接受重视心智训练的通识教育。④

1893年,埃利奥特对这些会议报告记录进行了汇总、编辑、整理之后,起草了总的综合报告,并于12月形成最后报告。1894年2月联邦教育局局长哈利斯将这个报告在一次会议上公开发表,称之为《十人委员会报告》。该报告为当时课程设置混乱的美国中

---

① "十人委员会"有大学校长五人、大学教授一人(以后也成为大学校长)、教育专员一人、中学校长三人(其中一人来自私立中学,两人代表公立中学)。从人员结构上来看,十人委员会的成员以大学管理人员和学者为主,这就决定了十人委员会的提案主要反映大学的要求和利益。

② 这九次会议的主题和地点分别是:拉丁和希腊文——密歇根大学;英文——瓦萨学院;其他现代语言——华盛顿D.C.教育局;数学——哈佛大学;物理、航空、化学和自然历史——芝加哥大学;历史、政府和政治经济学——威斯康星大学;地理——库克郡师范学校。

③ 这些问题包括:中学应该开设什么课程?何时开设?如何授课?课程周期多长?是否有必要为继续升学的学生和毕业后直接就业的学生开设不同的课程?

④ National Educational Association (U. S.) Committee of Ten on Secondary School Studies. Report of the Committee of Ten on Secondary School Studies[R]. Washington Printing Office,1893:17.

学开出了一剂处方,在当时被视为"美国发表的最重要的教育文件"[①]。十人委员会在报告中提议围绕以下九门学科来组织中学课程:拉丁语、希腊语、英语、现代外语、数学(几何、代数、三角以及高等代数)、自然科学(物理、化学、天文)、自然发展史或生物学、社会科学(历史、公民、经济、政治)、地理或气象学;同时也强调,一切学术性科目在促进学生智力发展方面具有同等的价值。《十人委员会报告》还指出,应当将小学和中学的课程设置进行系统规划与设置。小学的八年学制过长,应当缩短至六年,而中学的学习则应该提前两年开始,即中学学制从四年延长到六年。这实际是提出了中小学基础教育"6—6"学制的设想。并提出了在四年制中学进行分科教学的详细计划,即在中学内分设古典科、拉丁语和科学科、现代外语科以及英语科,规定各科的课程、学分数,实行学分制,以便优秀学生可以在较短时间内为上大学积累必需的学分。

报告除了对中学课程提出建议之外,还提出大学应承担中学教师的培养和培训的任务。这一提议是为了应对由于19世纪末美国公立教育体系高速发展,尤其是公立中学的兴起引发的"谁来培养中学教师"的问题。事实上,19世纪20年代美国就已经出现了师范学校,这是19世纪培养中学教师的主要机构。19世纪上半叶,美国的学院普遍拒绝承认教育是其合法课程,也否认教学是值得学院层次培养的一种专业,因为当时人们认为师范学校已足以应付小学教师培养的问题。然而从19世纪中期开始,由于大量公立中学兴起,产生了中学教师以及相关教育管理人员专业化的诉求,从而带动了对教育知识的需求。但在师范学校中这种需求实际上被简化为教学行业的技术与技巧的知识习得。这种教师培养模式既缺乏深厚的理论基础,也缺乏科学的理性追求。因此,师

---

① Frank A. Hill. *The Report of the Committee of Ten*, *Sixty-fourth Annual Meeting of the American Institute of Instruction: Lectures, Discussions and Proceedings*[M]. Boston: the Institute, 1894: 174.

范学校已经无法满足当时美国社会对各种教育专业人员的需求以及对教育知识发展的需求。处于教育金字塔顶端的大学校长们关注到了这一状况。他们雄心勃勃,认为大学应该要引导整个教育的发展,提倡教师教育的大学化。哈佛大学校长埃利奥特明确提出,培养优秀的中小学教师和管理者是大学的责任,是高等教育的一项新的历史使命。[①]

事实上,在"十人委员会"成立之前,一些大学已经开始了一些教师培训的尝试。如,1879年密歇根大学设立了全美第一个教育的全职"教学的艺术和科学教席"(Chairs of the Science and Art of Teaching);1889年,威斯康星大学开设了全美第一个教师培训暑期班(summer school)。《十人委员会报告》有关教师培养的提议加速了教师教育大学化的进程。19世纪末20世纪初众多大学纷纷成立了教育系或教育学院。而大学从开始的为中学培养教师,进而开始为中学选派教师。20世纪初,威斯康星大学与一些中学合作成立了一个委员会,主要负责推荐大学毕业生去中学任职。从对中学进行考核认证到委派毕业生到中学任教,大学对中学的影响力进一步提升。未来的中学教师由于接受了高等教育,对大学有高度的认同感,在其教学过程中,便会潜移默化地向他们的学生宣传大学,鼓励学生上大学,这无疑拉近了高中教育与高等教育之间的关系。

1896年,在水牛城举行的美国教育协会会议上,芝加哥大学督学南丁格尔(A. F. Nightingale)在做会议报告时指出,"《十人委员会报告》就像一个酵母,将高中教育和高等教育的衔接问题摆在了所有人面前"。[②] 在接下来近十五年里,这份报告主导了美国教

---

① Marc A. VanOverbeke. *The Standardization of American Schooling: Linking Secondary and Higher Education, 1870—1910*[M]. New York: Palgrave Macmillan, 2008: 138.

② A. F. Nightingale. The Committee on College Entrance Requirements: Report of the Chairman[J]. *The Social Review*, 1897(6): 321.

育界的发展。它拉开美国高中教育改革的序幕,并直接影响了此后若干年间美国高中教育变革的走向。[①] 更为重要的是,"十人委员会"改变了美国中学教育"外行领导内行"的状况。当时中学的管理基本都交由校外人员构成的董事会负责。所以,这种董事会被称为"外行董事会"(lay board)。外行董事会对中学的经营和课程设置有着重要的话语权。教师只是负责教书而已,而校长也仅仅是"首席教师",执行外行董事会为其规定的职责。在城市化、工业化以及移民潮的时代背景下,"十人委员会"的设立及其报告的发表改变了外行董事会掌管中学的局面,第一次向全国彰显了教育家的影响力,同时也开启了由全国性的专业组织推动教育改革的动力机制。

三、后十人委员会时期:高中教育与高等教育衔接的本地化解决方案

1893年十人委员会解散后,为了解决高中教育与高等教育衔接的问题,尤其针对当时大学的入学条件和标准难以掌握的状况,美国教育协会在1895年又组建了大学入学要求委员会(Committee on College Entrance Requirements),由13人组成,故又称"十三人委员会"。十三人委员会收集、分析了全美67所知名大学所出版的招生指南,调查的结果是各个大学在招生条件上存在着巨大的差异,这些差异会导致中学在帮助学生做大学升学准备时无所适从。因此,十三人委员会以单位(unit)来衡量学科课程的授课量,将中学阶段所有学科的课程教学要求进行量化,并以此为依据为大学研究和制定了一套统一的课程体系与各科课程的教学标准。1899年,在美国教育协会第38届年会的报告上,十三人委员会公布了其制定的大学统一课程体系和各科教学标准,

---

[①] 张斌贤,李曙光,王慧敏.揭开美国中等教育改革的序幕:《十人委员会报告》发表始末[J].外国教育研究,2015(1):3-19.

他们提出每个学生都应该完成10个必修、6个选修单元,一共16个单元的学习任务。这些学习的单元便是后来的卡内基单位(Carnegie unit)。委员会建议各个大学依据这一体系和标准,根据自身的情况有选择性地开设课程,订立招生要求。在此报告中,十三人委员会指出,任何在中学阶段学业成绩优异的学生不应该被大学拒之门外。要实现这一目标,应当设立与六年制小学相衔接的六年制中学,学生在中学阶段可以选修各类学科,以充分发挥学生的潜能;并以学生所取得的中学学科总学分作为进入大学学习的基础。相应地,在大学阶段也应该开设大量的选修课来增加课程的弹性。[1]

此后,美国教育协会还相继成立高中教育改组委员会(Commission on the Reorganization of Secondary Education)、节约教育时间委员会(Committee on Economy of Time in Education)和高中教育与高等教育衔接委员会(Committee on the Articulation of High School and College)等一系列委员会,致力研究高中教育与高等教育间的关系、高中教育的基本目标、中等学校的学制、中等学校的组织等问题。这些问题大多是《十人委员会报告》中提到或涉及的,实际上这些委员会延续了十人委员会的工作。[2]

1899年,曾对十人委员会的委派人选具有举足轻重影响力的哥伦比亚大学校长尼古拉斯·巴特勒(Nicholas M. Butler)在马里兰州学院与中学协会(Association of Colleges and Secondary Schools of the Middle States and Maryland)的一次会议上提出明确学院入学标准,以统一大学入学考试的建议。1900年11月,大

---

[1] Special Report of Committee on College Entrance Requirements[J]. *Journal of Proceedings and Addresses of the Thirty-eighth Annual Meeting Held at Los Angeles, California*, 1899: 632-677.

[2] 张斌贤,李曙光,王慧敏.揭开美国中等教育改革的序幕:《十人委员会报告》发表始末[J].外国教育研究,2015(1):3-19.

学入学考试委员会(College Entrance Examination Board)，又称美国大学理事会(College Board)正式成立，由巴特勒担任主席。大学理事会承袭了十人委员会与大学入学要求委员会的理念和传统，认为中学应当对其所有的学生一视同仁，为学生提供相同的教学内容并且十分重视中学的参与。为此，大学理事会致力于开展标准化学业测试解决大学招生测试要求不一致的问题，还为各个学科都创建了统一的标准并颁布了教学大纲，帮助中学生为大学的入学考试做好准备。中学校长作为中学的代表也受邀对试卷命题及审核发表意见，他们的建议大多数会被接受和采纳。大学理事会的这些举措更进一步拉近了高中教育与高等教育的关系。1901年6月，该委员会组织了首次大学升学考试，考试科目包括了英语、法语、德语、希腊语、拉丁语、历史、数学、物理和化学这九个学科。次年又增加了解剖学、西班牙语和地理考试，共有973名学生参加了考试。1904年，在埃利奥特的大力劝谏下，哈佛加入大学理事会成为会员。之后，一些知名的大学也相继加入：1905年，布朗大学加入；1907年，耶鲁大学加入；1910年普林斯顿大学加入。到1910年，耶鲁大学、普林斯顿大学等25所东部著名大学和学院虽然开始使用大学理事会的标准考试，但仍然没有放弃自己的招生测试。当时通过学校自主测试录取的学生仍多于通过标准考试录取的学生。直到1916年，哈佛大学、耶鲁大学等学校才放弃各自举行的测试，要求申请者参加大学理事会的标准考试。所以，大学理事会在成立之后的很长一段时间并未能将标准化考试推广至全国，其影响范围局限在中东部地区。

尽管大学理事会在20世纪初的影响力未及全国，但它的一些创新性的举措的确有助于高中教育与高等教育的顺利衔接。首先，大学理事会设立了一些入会的基本要求：设有预科系的大学不具备申请会员的资格；申请入会的大学需要有图书馆等一些配套的基础设施，并且要有足够的财政保障；申请会员的大学必须只招收完成四年完整中学教育并顺利毕业的学生。这些入会门槛的设定有着重要的意义：它将高中教育与高等教育划清界限，维护了中学在教育体系中的地位；避免大学为抢夺生源，提前招生从而造成混乱的局面。

此外，大学理事会还向女子学院敞开大门，为女子学院的招生提供了一个新的途径，使女子学院与男女共校的大学之间的差距逐渐缩小，最终帮助女子学院提高了招生质量。1908年参加大学理事会举办的统一考试的3250名考生中有将近三分之一的考生是申请女子学院的学生。大学理事会的这项举措最终帮助女子学院关闭了其预科系，同时提升了女子学院的地位，使高等教育体系内部结构更为合理，高中教育与高等教育的界限更明晰，进一步打开了中学至大学的上升通路。

在《十人委员会报告》发表之后的十几年间，高中教育与高等教育的衔接问题受到极大的关注，中学和高等院校广泛参与，多个认证协会以及专业委员会成立并纷纷出台措施。但遗憾的是，这些措施大多是只是在部分地区实施，推广面都未能辐射到全国，而且各个地区之间疏于合作交流，所以十人委员会所期望的在全国范围内实现高中教育与高等教育的和谐对接并没能出现。

值得一提的是，20世纪初两个全国性协会组织试图改变这一局面，积极倡导各地区合力推动一次全国性的运动。1906年8月，美国州立大学协会（The National Association of State Universities）在会长爱荷华大学校长George MacLean的带领下，召集了四个区域性协会以及大学理事会，举办了一次全国会议，旨在增进各个地方协会的交流互动，共同协商统一大学的招生标准，有效衔接教育的各个阶段的方法，使美国的教育体系成为上下衔接、左右贯通的有机整体。这次会议充分肯定了新英格兰大学入学认证理事会（The New England College Entrance Certificate Board）和中西部地区协会（North Central Association）对中学的认证工作，并鼓励全美所有的大学与学院都可以招收这两个协会的认证名单上的中学的毕业生；鼓励仍未采用中学认证项目的南部地区协会(The Southern Association)和中部地区协会(The Middle States Association)效仿成立认证协会,实现跨区域性的中学认证的全国性推广;这次会议对大学理事会提出的学科定义及标准非常认可,并建议将其推广至全国。

1905年,卡内基教学促进基金会(The Carnegie Foundation for the Advancement of Teaching)(以下简称教促会)则开始实施为美国高等院校的教授提供1 000万美元退休补贴的计划。该基金会对有资格享受该退休补贴计划的院校在师资、教学计划、入学条件和经费上提出了具体要求。教促会会长普利切特提出,"教促会应该为养老金享受资格设定一些教育标准。这也就是说需要界定到底'什么是大学'",以此来区分究竟哪些院校有资格享受卡内基养老金。教促会采用了当时纽约州修订法规中有关"学院""大学"教育标准的界定,即认为一所院校要被称为学院或大学,至少应满足以下条件:必须至少有六名专职教授;必须在文理学科领域提供四年制学习课程;学生在入学之前应有不少于四年高中或同等程度的学术准备,即必须是高中毕业生或相当学术水平;每年必须有20万美元的经费预算。① 这些标准中最重要的一条是第三条,即入学者必须有不少于四年高中或同等程度的学术准备,因为这条标准不仅涉及高中教育与高等教育的衔接问题,同时也涉及对高中阶段的学习进行认定的问题。为了对该标准进行更为详细的说明,教促会理事会利用各高等院校招生考试委员会通常采用的一种方案,即"学分"②。教促会规定,纳入卡内基养老金计划的院校在招收学生时必须要求入学者在高中阶段的学习中至少获得14个学分,其中一个学分的学习量要达到一学年中一门课程每周

---

① 李政云.20世纪初CFAT对美国高等教育发展的影响与启示[J].湖南师范大学教育科学学报,2007(4):47-52.

② 关于一个"学分"的量化标准在1909年大学入学考试委员会与其他四个地区学院与学校协会组成的联合委员会的第四次会议上达成一致意见,即一个"学分"相当于"120个小时(60分钟)或与此相当的学习量"。

不少于5个学时。教促会对高等院校的这一认定标准带来的影响力非同一般。当时很多高等院校因未达到这一认定标准而被排除在养老金申请名单之外。1906年教促会对当时由美国教育署列出的600多所高等院校进行评定,仅有52所被教促会予以承认并享受补贴。教促会指出,任何高等院校只要符合了教促会设定的标准,那么它们随时都可以申请享受卡内基养老金。到1910年,教促会认可的院校已经增至71所。[①] 因此,教促会利用养老金这一杠杆切实推动了中等学校的大学预备性教育水平的提升,也提高了高等院校办学的基准。

从十人委员会到卡内基教学促进基金会,这些机构的努力开创了教育界的一个全新局面,形成了由全国性的专业组织推动教育改革的特殊动力机制。第一次有机构可以不以社区利益而是以全国利益为出发点,全盘地考虑问题,推动全国性的教育改革。这些机构共同的目标是将美国教育从不确定和混乱的状态引向协调与效率。如果说,十人委员会吹响了解决高中教育与高等教育衔接问题的号角,那么卡内基教学促进基金会开始试图在基本政策层面上引导高等教育发展,加固高中教育与高等教育的衔接链。和十人委员会相比,卡内基教学促进基金会拥有改变课程和教育制度的更为有效的工具和砝码,即示范项目、启动资金、委员会报告、奖励基金,等等。自此,民间团体和专业组织开始对教育问题发挥广泛作用,产生全国性的实际影响。

四、初级学院的创立:高中教育与高等教育衔接链上的加固环

19世纪末期,美国高等教育面临着新一轮的挑战。由于大量创办了初等义务教育和免费公立中学,加上希望接受高等教育的

[①] Marc A. VanOverbeke. *The Standardization of American Schooling: Linking Secondary and Higher Education, 1870—1910*[M]. New York: Palgrave Macmillan, 2008: 168.

人数激增,高校即使扩招仍无法满足公众的入学要求。入学人数的激增造成大学不堪重负,很多大学出现了课堂人数过多、管理混乱的现象。格雷(A. A Gray)在其1915年发表的《初级学院》一书中是这样描写加州的一所大学的课程学生人数的:1913年,新生人数达到了1 477人。有27门课程(新生课程和二年级学生课程)的课堂人数超过150人;有9门课程课堂的人数超过350人。[①]在这种情况下,继芝加哥大学设立初级学院后,很多大学纷纷效仿。哥伦比亚大学校长巴特勒(Nicholas Murray Butler)在1916—1917年的年度报告中便强烈建议哥伦比亚大学设立初级学院。巴特勒指出,升入大学继续求学的学生大致分为两类:一类学生计划在大学四年期间追求"人文、博雅教育"(liberal and elegant studies);另一类学生则希望尽快能拿到毕业后求职的敲门砖。由于这两类学生的兴趣和目的不同,巴特勒建议在哥伦比亚大学内设立初级学院来满足第二类学生的需求,使他们能在最短的时间内学到职业的技能,帮助他们顺利就业。[②]

与此同时,美国高等教育界开始讨论如何重新划分高中教育与高等教育的分界线问题。有一些学者认为,美国对高中教育从来没有一个合适合理的界定。教育专家和学者在高中教育的办学目标、课程、教学方法和组织结构上也是各执一词,意见不一。因此,公立中学的课程与大学的课程经常出现重复的内容。一般中学中至少能有一至两门的课程相当于大学一、二年级的水平。[③]当时美国的一些大学校长认为,美国大学一、二年级学生的水平,大概仅仅相当于德国文科中学的水平;因而,他们建议改革美国大

[①] A. A. Gray. *The Junior College* [M]. University of California Libraries, 1915: 96-97.

[②] Floyd Marion McDowell. *The Junior College* [M]. Charleston, SC: Nabu Press, 2010: 19.

[③] Floyd Marion McDowell. *The Junior College* [M]. Charleston, SC: Nabu Press, 2010: 38.

学结构,将本属于中学的教育任务交还给中学。① 在这场有关高等教育与高中教育分界线的讨论中,美国大学体系面临要么拒千万学子于大学校门之外,要么盲目扩大招生规模的选择。最终,初级学院运动的兴起完成了美国高等教育体系的自我救赎。1901年,初级学院运动由芝加哥大学校长威廉·雷尼·哈珀(William Rainey Harper)率先发起。哈珀提议明确区分大学一、二年级与三、四年级的任务,前者称为初级学院,后者称为高级学院。学生在初级学院学习相当于大学一、二年级水平的课程后可以转入高级学院继续深造,这样既保证了学生学习的连续性,又可淘汰部分学习较差的学生,以减轻大学的负担。此外,由于大部分的大一、大二年级学生心理并不成熟,仍需要一定的监督和管理。初级学院一般实行就近入学,这就意味着青少年在完全独立之前在父母的监护下再学习两年。有了初级学院两年的一个缓冲期,这对青少年的未来就业或继续升入大学求学都有益处。②

此外,初级学院运动也推动了一些小型学院的转型,使高等教育层次结构更趋合理、完善,从而增强了高等教育的对外适应性和内部衔接性。19世纪后期,大学形成并获得迅速发展。以1869年康奈尔大学的建立为开端,具有综合性大学组织特征的大学在美国兴起,并为后来的大学所效仿。1878年建立的约翰·霍普金斯大学,从一开始就注重科研和研究生教育,因此必然成为这类大学中的佼佼者。其他一些大学也紧随其后,很多老式学院也都通过增设研究生院和专业学院,强化大学的研究、教学和公共服务职能,进而转变成为大学。但是,不是所有学院都能够发展成为大学。很多学院由于缺乏资金无法达到大学所具有的规模,也无法提供很宽泛的课程和各项服务,更谈不上建设现代化的实验室和

---

① 许庆豫.高等教育制度创新模式:美国的案例分析[J].高等教育研究,2009(12):24-33.

② George F. Zook. The Junior College[J]. *The School Review*, 1922(8): 574-583.

图书馆了。据当时的测算,一所学院要提供四年完整的本科教育,至少需要募集到 20 万美金的捐款。在 1912 年《美国教育专员报告》(the Report of the Commissioner of Education)中显示,在对全美 581 所小型学院进行调查后发现,远超过一半的学院无法筹集到最低的资金额度:其中 187 所没有任何的捐款;70 所捐款少于 5 万美金;115 所捐款少于 10 万美金;197 所捐款少于 20 万美金。[1] 这意味着这些小型学院正面临着巨大的财政危机。为了渡过危机,学院吸引生源,收取学费。于是,很多小型学院大量招收学生,但这些学生并未达到入学要求,于是这些学生必须先进入预科项目(preparatory program)学习。这一开源之道造成了一种奇特的现象:小型学院中参加预科项目的学生人数远多于参加大学课程的学生人数。如,1873 年密歇根州的艾德里安学院(Adrian College)144 名学生中,113 名学生参加预科项目,仅有 31 名学生参加大学课程学习。事实上,当时美国西部地区的一些学院甚至和公立中学、文实中学、职业中学和师范学校一起竞争,争夺生源。为了吸引学生,学院增设了诸如工程、教师培训和商业等新的课程,有些甚至开设了暑期班和夜校。但这些学院的入学率依然走低。1890 年,学院的入学率仅 100 人左右。[2] 一些世纪之交的评论家们尖锐地提出,倘若那些小型学院无法转变成具有更广泛功能的学院,那么它们就应当关闭。特温指出,"弱小学院的存在是整个学院体系的一大缺陷"。芝加哥大学校长哈珀则提议将弱小的学院降级为初级学院,其目的主要为学生进入大学提供学术准备。到 1940 年,1900 年学生人数在 150 人左右的学院中,有 15%

---

[1] Report of the Commissioner of Education for 1912[EB/OL]. https://babel.hathitrust.org/cgi/pt? id=umn.31951000865106g;view=1up;seq=127 2016-1-18,2016-1-16.

[2] Marc A. VanOverbeke. *The Standardization of American Schooling: Linking Secondary and Higher Education,1870—1910*[M]. New York: Palgrave Macmillan,2008:19.

的学院已经转变为初级学院,而另外 40% 的学院或倒闭或与其他学院合并。[①]

初级学院作为美国高等教育中一个独特职能层次,为那些在学术上、经济上或心理上未能做好大学学习准备的高中毕业生提供了学习机会,同时选拔其中的优秀者输送到大学高年级,搭起高中教育与高等教育之间的桥梁。由于其合理准确的定位,初级学院也在全美推广,成为美国高中教育与高等教育衔接链上的加固环,使两个教育阶段的衔接更趋合理和稳固。

第四节 20 世纪 20 年代至 40 年代:高中教育与高等教育课程脱节造成的衔接不畅

在十人委员会的影响下,美国中学课程以学业准备为导向,中学升学职能不断强化,与大学实现了较为顺畅的衔接。但这种和谐的局面仅仅持续了 25 年。

事实上,在这 25 年间,美国社会经历着巨大的转变。全国上下推广 12 年义务教育,1918 年,所有州把义务教育年龄延长到高中段;[②]与此同时,禁用童工的法律也开始实施。这些法律的推行与实施推动大量的学生进入中学就读,学生的背景越来越多元化,高中教育课程内容与结构渐渐无法适应学生的多元性与异质性的需求。也正是在这一时期,"进步教育运动"开始兴起,实用主义哲学成为进步教育运动的指导思想。进步教育家要求改革过去以学业准备为主的高中教育模式,呼吁建立一种民主的教育制度,他们改革的焦点集中在大力发展职业教育这一问题上。在这种情境下,十人委员会所倡导的课程体系受到了质疑。舆论认为,十人委

---

① 亚瑟·科恩.美国高等教育通史[M].北京:北京大学出版社,2010:102.
② 亚瑟·科恩.美国高等教育通史[M].北京:北京大学出版社,2010:92.

员会提出的课程架构强调促进心智训练的学术知识价值,忽略了大多数不准备升学的学生,并忽略学生的能力、兴趣与社会的需求,也忽略了艺术、音乐、体育和职业教育等学科的价值。

早在《十人委员会报告》发表10年后,美国便针对该报告对中学课程的影响展开了一项调查。此项调查几乎涵盖了全美较大城市的所有中学,通过对比10年前后各个中学的课程设置情况,考察中学是否依照《十人委员会报告》的提议进行了课程改革以及改革力度的强弱状况。该项调查的最终结果于1906年以题为《〈十人委员会报告〉十年之影响》一文发表。文中指出,调查的结果并不理想;尽管各个学校都在课程上做出了一些调整,但改革力度与预想的差距比较大,报告中提出的很多问题在实施过程中被弱化了,很多报告中的具体建议并未真正执行;究其原因,伊利诺伊大学教育学院院长德克斯特(Edwin G. Dexter)认为,美国中学正在经历着"青春叛逆期",对于外来的意见与建议无法真心接纳,所以外力的干预效果差;美国中学必须有待时日自己寻找出路,实现自我救赎式的变革才能行之有效。[①]

1893年至1918年这25年间,为了解决高中教育问题,美国教育协会曾五次指派委员会进行相关的研究与讨论。前四次主要都是在考虑如何加强升学的课程,聚焦在为升入高等院校做准备上。[②] 与前四次不同,第五次的研讨是为了实现中学教育的"自我救赎"。1913年美国教育协会组织成立了高中教育重组委员会(Commission on the Reorganization of Secondary Education),重新研究界定高中教育的职能和目的,不再只着眼于升学的课程,而是考虑美国青少年各方面的需求。在历经5年的研讨与辩论之后,高中教育重组委员会于1918年发表了一份关于高中教育的声

---

① Edwin G. Dexter. Ten Years' Influence of the Report of the Committee of Ten [J]. *The School Review*,1906(4):254-269.

② 马骥雄.战后美国教育研究[M].南昌:江西教育出版社,1991:10.

明,即著名的《高中教育基本原则》(Cardinal Principles of Secondary Education),确定高中教育的总目标是使青年人对进入社会有所准备。委员会给高中教育指明了新方向和新任务,提出了七项教育目标:健康(health)、掌握基本的方法(command of fundamental processes)、高尚的家庭成员(worthy home membership)、职业(vocation)、公民资格(citizenship)、有价值地使用闲暇(worthy use of leisure time)、道德品格(ethical character)。在七项目标中只有一项目标是直接为大学做预备,亦即掌握基本的方法,其他六项则较为关心个人的一般生活能力。由此可知,委员会认为高中教育应该要适应社会生活发展需要,面向所有学生,过于局限于升学准备的学术课程,反而容易将更多的青少年排除于高中教育之外。此外,在这份报告书中,委员会主张要设立综合中学(comprehensive high school),强调中学既是文化学科的教育阵地,也是培养职业知识和技能的场所,高中教育需要将职业功能和升学功能视为同等重要的目标。从《高中教育的基本原理》的主张来看,它代表美国的中学课程自1893年至1918年这25年间,从重视传统学科到强调个人发展与技能学习的课程转变,从制度上改变高中教育单一的升学功能,强调学校应兼顾继续升学和离开学校两类人的需求。这份声明的发表标志着高中教育开始进行新一轮变革,而高等教育的反应明显滞后,于是高中教育与高等教育的衔接链无法避免地受到冲击,高中教育与高等教育短暂的"蜜月期"就此结束。

这份报告书大大推动了美国中学的变革。在很短的时间里,美国的中学发生了深刻变化。职业训练被看作是学校生活中的重要因素,职业训练也因此进入高中教育课程。中学课程进一步朝实用化的方向发展。《高中教育的基本原理》所倡导的综合中学取代了原先专为大学升学做准备的普通中学,成为美国实施高中教育的主渠道。其课程也加速从普通基础教育转向了实用的实践性培训。学校中的每门课程都依据有益于生活的程度加以选择。保健知识比法语重要，应用算术比几何更重要，提供有关日常生活知识的实用科学比地质学更有益处。① 到20世纪40年代，美国普通教育中的必修部分已被削减到最低限度（仅有英语、社会学科和体育三门）。选修课占到总学时的75%，科目总数高达2000门。只有13%的高年级学生选修物理，27%的选修代数，近30%的选修化学，22%的选修外语，其余的学生选修了诸如开车、打字、美容等五花八门的应用科目。②

　　进步主义教育影响下的这次中学课程改革在进入到20年代之后便开始遇到一些问题。尽管各综合中学根据学校本身的条件和当地经济发展的需要设置了各大类的职业课，但是选修数学、自然科学、英语和社会科学等学术课程的学生还是远远超过了选职业课程的学生。所以预想中的综合中学升学与就业兼顾的目标并未能实现。而且由于当时的进步教育改革并没有考虑到高中教育与高等教育升学挂钩的问题，因此学生必须按大学的规定修完一定的学科与学分，获得足够卡内基单位，毕业后才有资格申请入大学。于是，中学虽然实行了改革，但在学科开设、学分的多寡、时间的长短等方面均受到大学的限制，无法进行自主的课程教学。因此，尽管美国中学招收学生的人数不断增长，但也仅有六分之一的中学毕业生有大学升学的机会。到了20世纪30年代，美国遭遇经济危机，就业形势骤然变化，中学毕业生面临找不到工作的困境。到1930年，劳动力市场失业率达到25%，中学生毕业后几乎100%无法找到工作。③ 在中学接受过职业教育的青年人的失业率也居高不下。当青少年就业大军被逐出就业市场，许多人不得

---

① C. A. Prosser, *Secondary Education and Life* [M]. Cambridge, MA: Harvard University Press, 1939: 2.

② 韩骅. 20世纪美国普通教育中的质量问题[J]. 湖北大学学报（哲学社会科学版），1999(6):83-88.

③ Ralph W. Tyler. Reflecting on the Eight-Year Study [J]. *Journal of Thought*, 1986(1): 15.

已又返回校园或滞留到超过正常经济年景时的离校年龄。教育当局认为有道义尽可能久地把这些学生留在学校,但显然对这些学生的学业并不关心。有鉴于此,中学除了为高等院校输送人才以及为学生就业做准备之外,又增加了第三个功能,即学生监护的功能。[①] 中学新增的这个功能导致中学里开设的课程量仍在不断增加,毕业要求降低;学生尽可能选修最能够"满足自己的需求"的科目,很少考虑某些课程是否比其他课程重要。这样的"购物中心式"的中学教育意在满足学生的差异化需求,但结果却是造成大部分学生学业成绩平庸,升入大学的机会降低。这就使高中教育与高等教育衔接不畅,大学的生源质量下降。这一切引起人们广泛的不满。

面对这种高中教育与高等教育脱节的情况,进步教育改革者不得不思考重新制订课程和教学计划,从而既能照顾到大多数学生未来就业去向,同时又能避免学生完全失去升入大学的机会。20世纪30年代,进步教育协会就开始致力寻求与大学的合作。1930年10月,进步教育协会专门创立了"高中教育与高等教育关系委员会"(the Commission on the Relation of School and College),试图通过理顺大学与中学之间的关系来解决高中阶段升学与就业目标的矛盾。委员会共有26名成员,其中包括高中教育与高等教育的校长,由约翰·巴勒斯中学(John Burroughs School)校长艾肯(W. M. Aikin)担任主席。1931年,该委员会发布了一份有关美国中学教育问题的研究报告。报告指出,公立中学从创立之初就在升学与就业两大功能之间摇摆,高中教育一直缺乏明确的目标定位,这就造成中学既没能帮助学生做好未来就业的充分准备,也无法满足天赋优异学生的学习要求;课程难度

---

① David L. Angus, Jeffrey E. Mirel. *The Failed Promise of the American High School*, 1890—1995 [M]. New York: Teachers College Press, Columbia University, 1999: 4.

低、考试过于简单使许多聪明的头脑无法获得足够强度的训练而逐渐变得懒散、粗心和肤浅,从而使那些天资卓越的学生因此泯灭天赋,失去创造的灵感、求知的欲望与热情以及实现目标的快乐。因此,该研究最后得出的结论是:尽管中学一直以来都以"大学的预科"身份自居,但是高中教育与高等教育却对彼此都不满意。[1]

1932 年,该委员会详细制订了一个为期八年(1933—1941 年)的高中教育实验计划,即"八年研究"。该计划旨在通过教育实验的验证以寻求解决高中教育培养目标问题的方式与途径,建立高中教育与高等教育之间有效衔接的机制,从而能够实现中学生升学和就业的双重目标。经过挑选,30 所中学参加了这个实验。委员会还说服了 300 所大学,并和这些大学签订了协议。根据协议,参与实验的大学在实验期间对这 30 所中学所推荐的毕业生免于大学入学考试及卡内基单位的条件,但要求参与中学必须提供所推荐学生完整的学习活动与表现数据。[2] 透过这种提供学习成果相关证据的升学方式,委员会鼓励各实验中学结合自身的具体情况,解除既有的课程枷锁,于 1933—1941 年进行既反映社会需求又反映学生兴趣与需要的课程改革,使课程更能适应生活的基本面及学生的兴趣与需求。诚如艾肯所言,委员会旨在免于大学入学条件限制下,让高中得以协助学生培养个人独特的特质,同时也引导个人认知社会责任的意识,以重整中学课程的高中和大学关系。[3]

1941 年"八年研究"结束,以泰勒为首的学院追踪研究组对

---

[1] 李玲玲. 进阶先修课程:美国衔接中学与中学后教育的策略[J]. 比较教育研究,2015(1):47-52.

[2] C. Kridel. Implications for Initiating Educational Change. *The Eight-year Study Revisited: Lessons from the Past for the Present* [M]. Columbus, OH: National Middle School Association, 1998:21.

[3] W. M. Aikin, The Story of the Eight-year Study: With Conclusions and Recommendations. *In Adventure in American Education*[M]. New York: Harper & Brothers, 1942:116.

"八年研究"的追踪调查结果进行了评价。评价组挑选 1 475 位来自实验中学的毕业生,控制其性别、种族、年龄、学术性向、家庭背景与兴趣等条件,与另外 1 475 位来自其他未参与实验的中学毕业生进行对照研究。研究结果显示,实验是成功的,参加实验的中学毕业生在各项活动、好奇心、思考能力、反应能力、对国内外社会事务的关注等方面都较为优秀。只可惜,"八年研究"成果报告出版之际,正值 1942 年年底美国参与第二次世界大战,公众的焦点被转移,使其受到重视的程度大为降低。而事实上,如果认为仅凭一次实验结果便能让高中教育与高等教育做出让步,达成意见上的一致,无疑这种想法是过于天真。而在进步主义思潮影响下的中学教育和高等教育已渐渐呈现出乱象。中学片面理解学生的兴趣,无节制的课程多元化致使必修课被选修课挤出课堂,以及降低对学生成绩的要求以至于不论他的知识和技能水平如何均能升级,导致教育质量下滑。大部分高校倾向于科学教育、职业教育以及专业教育,强调学生社会经验的获得,实用课程重于学术课程。为了迎合市场需要,各种新兴科系在大学内出现,大学日益成为就业培训所。随着普通高中教育的贬值,大学不能依靠公立中学来提供充足的合格生源。许多大学选择降低入学门槛这个权宜之计,招收了那些学业准备不够充分的学生。尤其是学院学生缴费额度下降(20 世纪 30 年代)、学校财政已是捉襟见肘的时候,大学新生不如学校所愿更是常事。但这样做至少可以保持注册人数。还有一些院校,特别是中西部的公立院校,抱着第一年结束时淘汰掉一半新生的打算,开始不设学业准备门槛,尽可能多地招生。[①]这一时期,学生入学接受一定的补救教育成了司空见惯的事。补救教育再度盛行也意味着中学毕业生质量下降,这也导致大学的新生保留率极速下滑,对大学的教学质量产生了负面的影响。于是,美国教育界的一些学者开始对"进步教育"思想指导下进行的

---

① 亚瑟·科恩.美国高等教育通史[M].北京:北京大学出版社,2010:93.

改革进行反思。1936年,芝加哥大学校长罗伯特·哈钦斯(Robert Hutchins)在其发表的《高等教育在美国》一书的开头就指出,美国教育从中学到大学全都混乱至极,完全失去了教育的自主方向,例如中学只为大学入学考试服务,全然不顾当时大多数中学毕业生并无机会继续上大学,同样,大学本科也只为研究生院入学服务,却完全不顾大多数学生并不继续求学之路;因此,哈钦斯大声疾呼,大学再这样下去将从根本上丧失"大学的理念"或"大学之道",只能成为乱七八糟的大杂烩。以哈钦斯为首代表大学发声的永恒主义教育家与代表中学发声的杜威等进步主义教育家已经形成了两大对峙阵营,他们看待教育的视角完全不一样。所以,无论"八年研究"的结果如何,都无法改变这个状况。显然,高中教育与高等教育的裂缝非但没有弥合,相反,裂缝更加深了。[①]

第五节 20世纪50年代至60年代: 高中教育与高等教育衔接体系逐步稳定成型

一、课程衔接完善——AP课程进入高中课程

20世纪上半叶,高中教育与高等教育的差距渐渐拉大。到50年代,高中教育与高等教育脱节的态势越来越严重。战后美苏两大阵营之间的"冷战"不断升级,美国社会产生了强烈的危机感。美国需要尖端的科技人才方能和苏联抗衡,人才培养依赖教育。于是,人们开始反思教育,认为进步主义影响下的美国教育放弃了严格的学术标准,导致教育质量全面下降,出现了颓势;中学无法给大学输送大量优秀的生源,大学也在向实用化和空泛化方向发展,学术精神被轻视。正如霍夫施塔特在其奠基性著作《美国生活

---

① Herbert M. Kliebard. *Changing Course: American Curriculum Reform in the 20th Century*[M]. New York: Teachers College Press, 2002: 56.

中的反理性主义》一书中所描述的："严重的反理性论正笼罩着我们学校的课程计划,引发了对传统教学的鄙视,招致对庸才的崇拜。在我们的学校中,热衷于学术著作绝不是一桩时髦的事情,而参加体育运动、俱乐部或乐队则可以带来比学术成就更高的威望。"①

  高中教育与高等教育阶段的教学内容未能进行整体设计,导致11年级到14年级,即高中两年至大学前两年的教学内容较为混乱,缺乏连贯性。这种衔接不畅的严重后果便是一些优秀的学生在大学阶段,尤其前两年由于课程内容与高中阶段重复,缺乏挑战性,从而对学习失去了兴趣。"大学的学习太简单了。所以,我有大把的时间可以浪费,我喝酒,去纽约闲逛。我不需要认真学习,我的成绩仍然很好。我对所有的课程都不感兴趣,也不想和教授们沟通聊天。对我来说,大学的学习就如同玩一局游戏。我倒要看看我的底线在哪儿,可以多不努力仍然能成绩优异,考试前几个星期到底喝多少酒不会影响成绩。"这是1951年秋季在对哈佛、普林斯顿和耶鲁大学的毕业生进行的一次问卷调查时一位学生的回答。② 这种课程内容的重复造成高中教育与高等教育的不良衔接,把许多天赋聪颖的学生的兴趣、创造力和想象力消磨殆尽。

  为了应对这一教育危机,1951年福特基金会创立了"教育促进基金"(the Advancement of Education),寻求一种有效的途径来促进美国青少年高中教育与高等教育的衔接。"教育促进基金"刚成立便为芝加哥大学、哥伦比亚大学、耶鲁大学以及威斯康星大学提供了两百万美金的资助创设了"先期奖学金"(pre-induction scholarships)。这四所大学在联合发表的声明中指出,这个项目是对低龄或低年级高中生能否顺利进行大学学习的一次测试。

---

① Hofstadter R. *Anti-intellectualism in American Life* [M]. New York: Vintage, 1966: 356.

② Eric Rothschild. Four Decades of the Advanced Placement Program[J]. *The History Teacher*, 1999(2): 175-206.

该奖学金只针对年龄不超过 16 岁半的高中生。这四所大学根据学生高中成绩、学校推荐信以及参加大学理事会举行的统一大学入学考试的成绩来决定是否录取并给予奖学金,至于该学生是否高中毕业并不做要求。每所大学有 50 个份额,这也就意味着一共有 200 个 16 岁高中生可以拿到这四所大学的录取通知书和奖学金。[①] 该奖学金项目对于中学来说,无疑就像一个炸弹。因为这个项目让中学失去了他们的优秀生源,故中学校长表示出强烈不满。于是,福特基金会转而开始支持其他的项目。

1951 年 5 月,在福特基金会的资助与支持下,来自安多弗(Andover)、埃克塞特(Exeter)和劳伦斯维尔(Lawrenceville)三所著名高中与三所美国最有名望的大学:哈佛大学、普林斯顿大学以及耶鲁大学的教育者们共同商讨如何使学生更好地利用高中最后两年以及大学前两年的学习衔接方案,期望提高学生的自主学习及研究分析能力,对资质优秀的学生提供更多元的学习机会。最后决定由安多弗学校教师布莱克默牵头组成了一个专门研究高中教育与高等教育衔接问题的组委会。经过几轮磋商,组委会发表了一份题为《中等院校和高等院校的通识教育》(*General Education in School and College*)的报告。该报告由哈佛大学出版社于 1952 年出版。这是一份和大学先修课程(AP 课程)诞生有关的关键性报告,第 118 页首次使用了"先修"(advanced placement)一词,报告主要为学有余力的高才生开展课程衔接项目。开展链接项目的原因在报告中有如下解释:"虽然我们努力想设计一套惠及所有学生的课程方案,但我们还是特别关注了那些学习成绩优异的学生群体,因为我们深信将标准从顶部向上拉比从底部向上推要容易得多。"[②]该报告同时也关注到了高中教育与

[①] Eric Rothschild. Four Decades of the Advanced Placement Program[J]. *The History Teacher*, 1999(2): 175-206.

[②] Eric Rothschild. Four Decades of the Advanced Placement Program[J]. *The History Teacher*, 1999(2): 175-206.

高等教育课程重复的问题,"高中教育与高等教育课程不成体系,导致学生对高中与大学课程重复的现象怨声载道。我们必须警惕学生在大一或大二就对学习失去兴趣,因为国家似乎已无力承担从高中向大学过渡所造成的资源浪费"。① 该报告敦促中学和大学把自己看作是同一个共同体的两部分,需要通力合作才能促进高中教育与高等教育的顺利衔接;并建议中学招聘具有开拓创新精神的教师,鼓励中学的高年级学生独立学习、有能力者可选修独立研究课程和大学水平课程;通过学习成绩考试使学生在进入大学时已预先取得大学学分,提高学生的大学入学水平。

在《中等院校和高等院校的通识教育》报告发表的同时,福特基金会支持的另外一个项目也在运行中。该项目也是为解决美国高中教育与高等教育课程重复、衔接不畅的问题所进行的尝试。该项目是由肯尼恩学院的校长戈登·基斯·查尔莫斯(Gordon Keith Chalmers)召集11所大学的校长或系主任所组成的先修学分录取委员会(the School College Study of Admission with Advanced Standing,简称SCSAAS)负责完成。1951年,该委员会成员齐聚在华盛顿D.C举行会议。会上代表们提出了著名的肯尼恩计划(Kenyon Plan),建议在全美高中开设大学级的课程,并探讨高中期间开设大学级课程的最佳时间段以及高中毕业要求等相关问题用来制订可在高中阶段进行的大学水平课程和标准。1952年春,欧柏林学院(Oberlin College)也加入该委员会。1952年初,该委员会邀请了12名中学校长参加了一次筹备会议。在会上,专家们一致认为:不建议成绩优异的高中生在15岁或16岁,即高中毕业之前提前进入大学;大学应该鼓励高中改革课程,建议开设一些大学级课程以增加课程的学术难度。在福特基金会的资

---

① *General Education in School and College: A Committee Report by Members of the Faculties of Andover, Exeter, Lawrenceville, Harvard, Princeton, and Yale* [M]. Harvard University Press, 1952: 2.

助下,委员会在每个学术领域都聘请了一批有能力的专家对高中课程设计进行调整和完善,采用大学认可足以作为授予学分的依据为标准,制订严格的高中课程概述以及考试要求。1952年,七所高中在十一个科目中引入高级课程的试点项目正式启动。[①]1955—1956学年末,该项目已在进行之中,大学理事会(College Board)应邀进入并接管项目管理,定名为大学理事会进阶先修课程(AP)项目。1956年,美国大学理事会首次举办AP考试,考试课程是试点项目中的11门科目。有志升入大学的高中生在高中就可以选修相当于大学一、二年级水平的部分课程,即进阶先修课程(AP课程)。修完课程后他们便可以参加AP考试,通过合格者就可以在进入大学之前获得大学认可的学分。AP课程得到大学的认可,大学将AP课程作为代表着高中教育最高严谨性的质量标准,并将AP课程考试成绩纳入其招生评价标准。

福特基金会所资助的这两项研究计划的结果都指出中学和高等院校应该加强合作,从而避免课程内容的重复,减少教育资源的浪费,从而实现教育资源的优化配置;对于那些学有余力的学生应鼓励其多学习,并允许其尽快升级,以期最大限度地激发学生的潜能。

AP课程自1955年美国大学理事会接管后,开始成为连接高中和大学的桥梁。20世纪50年代也正是美苏两大阵营"冷战"升级的时期。1957年10月苏联人造卫星成功发射,美国举国上下一片惊慌,学校教育绩效不彰被认为是科技落后的罪魁祸首。于是,教育被认为是亟须改革的首要目标。1958年《国防教育法》在国会获得通过。法案规定,联邦政府划拨大量经费用以加强数学、自然科学以及外语的教学。这是美国为了应对危机,促进本国教

[①] Samia Merza Luo. The Effects of Advanced Placement and International Baccalaureate Programs on Student Achievement [EB/OL]. https://scholarworks.csustan.edu/bitstream/handle/011235813/109/LuoS.Spring%202013.pdf?sequence=1, 2016-5-1.

育和科技发展所采取的应急措施,其核心就是通过提高教材难度以及增加授课时间以提升教育质量,并实施英才教育,为高智能学生提供特殊课程。为了加强数学和科学教育,公立中学纷纷开设了AP课程。于是,AP课程作为将高中与大学学业要求与标准联结的最初尝试,成功登上历史舞台,促进了学生卓越发展,加强了高中与大学的衔接,拓展了大学选才的渠道。在接下来的几十年时间里,AP课程不断得到补充,从最初的11门考试课程发展到了现在的37门课程。

二、中学向大学的过渡环节加固:初级学院重拾转学职能,新增补救教育职能

初级学院自从19世纪末20世纪初创立之后,数量持续在增长,但在20世纪30年代之前美国联邦政府对初级学院的支持力度一直很薄弱。直到20世纪30年代,随着经济大衰退,初级学院纷纷提供职业培训课程,让民众获得新技能重新就业,从而缓解当时的失业问题。初级学院的职能因而从以转学教育为主转向培养所在地区迫切需要的职业技术人才为主。到20世纪40年代,二战结束之后,退伍军人迫切需要被安置,寻求中学后教育的高中毕业生开始源源不断,即使是发展最快的大学也不能吸纳所有的这些申请者。因此,初级学院数量的迅猛增加。于是,初级学院重新开始扮演中转学校的角色。当时的大部分报告显示初级学院转学学生在四年制大学高年级学习表现良好,并且他们能够准时毕业。

此时的美国联邦政府也正不断通过财政拨款等手段加强了对教育的宏观控制。在这一时期,美国的四年制大学/学院获得了更为可观的联邦和州政府的财政支持,所以对学生学费的依赖度降低。① 于是,这些大学开始实行选择性招生制度,对入学申请者进行定位测试以区分"学习潜力未充分发挥的学生"和"学习能力低下的学生";学习潜力未充分发挥的学生还可能被这些大学录取,但会被要求参加补救课程的学习或提前参加暑期过渡课程项目(summer academic bridge program)。而大量的"学习能力低下的学生"则被分流至邻近的初级学院。这一形势也"将补救教育推到了初级学院职能的前沿"②。显然,"初级学院"一词已经无法恰当表达其自身所具备的内涵。1947年,杜鲁门总统指定成立了"总统高等教育委员会",制定了高等教育规划。该委员会在《杜鲁门高等教育委员会报告》中,建议将"初级学院"改称"社区学院",并提出社区学院应发展成为活跃的社区高等教育机构、成人教育中心以及整个社区的学习中心。此外,该报告明确指出社区学院除了转学与职业教育功能之外,还承担着补救教育的职能。③ 当联邦政府发现独具特色的社区学院在推动美国高等教育大众化,提高全民文化素质,促进社会安定,缓解种族冲突等方面所起到的特殊作用时,便自然而然地加强了对它的"关注"。据统计,1958年联邦政府对初级学院的财政拨款已达10万美元,而到了1966年前后拨款金额已猛增至300万美元,增长了30倍。在同一时期对社区学院的州拨款增长了4倍多,而地方拨款也增长了3倍多。由此可见美国各级政府,尤其是联邦政府对社区学院的重视。

---

① David R. Arendale. Then and Now: The Early Years of Developmental Education[EB/OL]. http://www.tc.umn.edu/~arend011/EarlyDEhistory02.pdf,2015-10-28.

② The History of Open Admissions and Remedial Education at the City University of New York [R/OL]. http://www.nyc.gov/html/records/rwg/cuny/pdf/history.pdf,2015-10-28.

③ Jerry A. Somerville. The Shaping of the American Community College Mission [EB/OL]. http://www.jwss.cc/? q=The+Shaping+of+the+American+Community+College+Mission,2015-10-28.

此时的社区学院既提供大学一、二年级水平的普通教育,又可提供专业教育的基础课程,成为扩大学生教育机会的有效途径。它的转学和补救教育功能减少了教育的重复建设和浪费,激发了中学和大学间的重新组织和衔接。

三、衔接高中教育与高等教育的考试机制完善:SAT 和 ACT 考试成为美国高校认可的重要招生参考标准

在这一时期,随着社区学院大规模创建,美国开始正式形成了具有本国特色的、相对较为完善的高等教育体制。它主要分为三级结构:两年制的社区学院,学生毕业合格可获得协士/副学士学位,四年制的综合大学/学院和四年制文理学院,学生毕业合格可获得学士学位,以及研究生院和各种高级专门学院,学生毕业合格可以获得硕士、博士学位及博士后学位。高等院校开始思考如何分层次选拔相应合格的学生进入高校,其中公私立综合大学、文理学院则更加注重选拔优秀的高素质生源。作为大学入学选拔的重要条件的入学考试机制——学术能力评估测试(SAT)和美国大学入学考试(ACT)成功推广,标志着美国高校招生制度日趋完善。

早在 20 世纪初大学理事会便开始推行大学入学考试,当时的考试没有选择题,而是通过作文考察能力。在大学理事会举办统一入学考试的最初二十年,其考试内容偏重学习内容的测试。而往往测试的内容是大学的私立预科学校的课程内容。这就造成出身寒微无法上预科学校的学生失去接受高等教育的机会。[①] 1926 年,大学理事会对考试进行改革,邀请从事军队智商测试(Army IQ tests)的专业人士卡尔·伯明翰(Carl C. Brigham),主持设计一套能面向更多学校的标准化试题,即"学术性向测验"

---

① Leslie Stickler. A Critical Review of the SAT: Menace or Mild-mannered Measure? [J]. *TCNJ Journal of Student Scholarship*, 2007(9):1.

(Scholastic Aptitude Test),也就是通常所说的 SAT。这套试题革除了侧重书本知识和机械记忆的偏向,重点评估学生是否具备在大学学习的能力和潜力。改革后的标准化考试既规避了中学课程和质量的差异性,又为大学选拔人才提供了一种不受学科专业限制的统一尺度,因此它逐渐获得广泛认可,成为全美高等院校入学考试的主要形式。1934 年,哈佛大学在所有申请入学者中推行 SAT。30 年代末,参加 SAT 测试则成为所有常青藤大学的入学要求之一。二战后,美国政府颁布了退伍军人法案,给退伍军人足够的钱来接受高等教育。大批退伍军人进入精英大学,并且取得了优异的成就,从而动摇了精英大学只属于精英的传统格局。精英大学的大门进一步向普通大众敞开。到 20 世纪 40 年代末,美国高等教育毛入学率已经超过 15%,从精英教育转向大众教育。各个大学开始强调多元化。与此同时,鉴于 SAT 能够更有效地面对更具多元背景的学生进行筛选,美国政府大力推广 SAT 考试。因此,SAT 成绩成为衡量大学申请者资质的重要指标。

随着 SAT 考试的推进,基于智商测试模式发展而来 SAT 考试诟病日渐增多,遭到批评与质疑。批评者指责该测试会受到被试者社会和经济背景的影响,甚至有反对者宣称这种测试只是为了证明"在既有的社会结构中,那些经济比较富裕的种族和群体智商更高,而比较穷的群体智商较低"。[①] 当不同种族及群体成员的智商分数差异不断与文化偏见挂钩时,SAT 测试的公正性问题也就提了出来。

曾经参与 SAT 工作的林奎斯特(Everett Franklin Lindquist)教授认为,SAT 考试过于强调测试学生的潜在学习能力,与高中的课程与教材关系疏离,不利于引导学生在高中阶段认真学习。于是在 1959 年,他与其他人合作创办了美国高校测试中心(American College Test Program,简称 ACT),并于当年秋季组

---

① N. Lemann. The Great Sorting[J]. *Atlantic Monthly*, 1995(276): 84.

织了另一种将考核重点放在中学课程知识上的统一测试,即美国大学入学考试(American College Test)。有75460个学生参加了首次ACT考试。自此,美国的大学入学考试形成了SAT和ACT两大体系。这进一步完善了美国高校的招生制度,以统一入学考试为基础的综合选拔评价体系已经成型。这就为美国的高中教育提供了统一的高等教育入学要求,为高中教育的学术标准提供了依据;与此同时,也满足了高等教育对人才选拔的需要,拓宽了合格生源选拔的范围,缓解了高等教育扩大招生与保证生源质量之间的矛盾,降低了大学招生考试的时间、人力和财力等方面的成本,从而保证了高中教育与高等教育能顺畅衔接。至此,随着美国高中教育与高等教育衔接点的增多,网状结构形成,从而保障了这两个教育阶段之间形成较为稳固的衔接关系。

本章小结

美国高中教育与高等教育的衔接始于殖民地时期,其间高中教育与高等教育在保持各自独立性的前提下,经历了冲突、磨合、调整与适应的过程,最终在二战后形成稳定的衔接体系。

美国最早出现的高中教育机构与高等教育机构也可以追溯到殖民地时期。1935年,波士顿居民仿照英国文法学校的模式创建了第一所拉丁文法学校。次年,第一所殖民地学院,哈佛学院在马萨诸塞州成立。作为殖民地学院的预备学校,拉丁文法学校存在的首要原因是为高等教育做准备的,两者之间的衔接问题其实并不存在。但由于殖民地经济文化相对落后,移民们按照自己的意愿办学,在不同的地区有不同的教育模式,这种欧洲精英教育模式下的"无缝衔接"体系仅服务于极少数富家子弟。美国建国后开始创办文实中学,文实中学逐步取代文法学校成为高中教育的主流形式。但重视实用精神的文实中学与学院之间的矛盾不断加深,高中教育与高等教育出现严重的衔接错位。19世纪后期美国开始兴起公立中学运动,公立中学成为高中教育的主要机构。高等教育体系开始呈现出立体交叉多层次互补的形态,初级学院成为美国高中教育与高等教育衔接的重要环节。在这一时期高等教育不再是白人男性青年的专利,高校开始向女性和少数族裔开放。这些显著的变化为高中教育与高等教育的衔接通路开启提供了基础。20世纪初期,综合中学成为美国中学的主流模式。在进步主义教育的影响下,综合中学以期通过其灵活的选修课模式实现高中教育兼顾升学与就业的双重目标。但20世纪30年代美国的经济危机击碎了进步主义教育家的理想,中学毕业生面临着毕业即失业的困境。公众对综合中学所开设的职业课程的好感度与信任度骤减。同时,政府担心太多失业的青年流入社会可能会成为社会不安定的因素,因此尽量让中学把学生留住。于是,综合中学除了为高等院校培养人才以及为学生就业做准备之外,还担负起了监护学生的功能。综合中学为了实现新增的第三个功能,其结果是课程难度下降,毕业要求降低。高中教育与高等教育课程脱节现象严重,高中教育与高等教育衔接通路上又出现了明显的"裂缝"。直到20世纪五六十年代,随着中学升学与高校招生制度的完善,高中教育与高等教育之间的矛盾逐渐缓和,两者的接续关系得到了改善。正在这一时期,美国高中教育与高等教育呈现出多节点的网状连接态势,为高中教育与高等教育的有效衔接提供了基础。

第四章
美国高中教育与高等教育衔接政策启动的多源流分析

第一节 问题源流

公共领域中的问题往往无法自发地进入公众视野,成为政策议题。正如金登所述:问题中必须有明确可感知的因素,重要指标、危机事件或焦点事件会导致某一问题的凸显,从而引起人们对该问题的关注,往往会促使人们采取必要的应对措施。

在美国,教育机会的观念几乎一开始就有注重均等的特殊意义。实现教育公平和教育机会均等,是美国政府和人民从建国以来甚至从殖民地时期一直到现在不懈追求的目标和梦想。教育机会均等意味着每个美国人都应该拥有平等的机会来获得任何教育水平上的教育。

二战后,美国经济在国家垄断资本主义进一步发展的推动下稳定发展。此时的美国高中教育已经迅速发展成为大众教育体系。因此,二战后美国教育机会均等的努力从高中教育向高等教育扩展。到 20 世纪 60 年代,经济日趋繁荣,在追求高等教育普及的过程中美国高中教育与高等教育衔接不良的问题也日益凸显。美国教育面临着适龄高中生是否能够有均等的机会顺利升入大学以及教育资源是否能满足学生需求的考验。

当时的美国社会,富裕中却呈现出贫困的现象,并且贫富差距不断扩大,教育机会不均等的现象日益严重。许多黑人子女由于父辈贫穷而没有受到良好的教育,在成年之后就业困难,求职常常被拒之门外。低收入造成的贫穷让子女很难跻身富裕社会,使他们一代一代陷入贫穷的恶性循环。同时,高等教育的迅速扩张使进入大学的学生人数呈爆炸式的增长,可是大学似乎并没有完全准备好;面对大批的学生,大学硬件设施一时无法负荷,师资也存在着不小的缺口。正是这样一个时代背景催生了高中教育与高等教育衔接政策的启动。

20世纪60年代初高等教育的大发展并没有实现全民教育。之前的资助往往只是针对特殊的群体,如二战后的退伍士兵;或是局限于一些特殊的领域,如科学与数学。1960年美国人口统计局的官方调查数据显示,25岁以上的人口中,男性与女性平均受教育的年限差不多:男性为10.3年,女性为10.9年。而不同种族间差异较大:白人男性受高中教育的年限为10.7年,黑人男性为7.9年。1965年的一份家庭收入与高校学费比较表显示,对于白人家庭来说,公立四年制大学的学费和住宿费占家庭年收入的14.5%;私立大学的学费和住宿费则占家庭年收入的30%。而这部分费用对于黑人家庭来说是一笔相当大的支出,因为他们的家庭年收入只是白人家庭的一半多一点而已。公立四年制的大学学费与住宿费用占黑人家庭年收入的26%,而私立院校的费用则占到黑人家庭年收入的55%。[①]

一、黑人与少数族裔的贫困群体教育机会匮乏,被大学拒之门外

阻碍美国高等教育机会平等的因素在于经济、政治与种族。在经济方面,以贫困问题的影响最为显著;政治与种族因素与政府措施不当以及长期存在的种族歧视有关。

---

① Martha J. Bailey, Sheldon Danziger (ed.). *Legacies of the War on Poverty* [M]. New York: Russell Sage Foundation, 2013: 98.

第四章 美国高中教育与高等教育衔接政策启动的多源流分析

20世纪60年代的美国社会已经能算得上是一个富裕的社会,很多美国人享有当时世界上最高的物质生活水平;但当时的美国也存在着一个贫困群体并未能享受经济发展的成果,相反却遭受着苦难。罗伯特·兰普曼的调查结果显示,1958年美国的贫困人口占总人口的19%,有3200万人。1962年,政治活动家米切尔·哈林顿(Michael J. Harrington)在其畅销书《另一个美国》(*The Other America: Poverty in the United States*)中引用了大量的统计数字,指出生活在贫困之中的美国人已多达4000万—5000万人。导致他们贫困的主要原因是技术进步和受教育程度低。随着二战后美国经济的发展和科技的进步,迅速发展的工业大大提高了对劳动力的要求,越来越讲究技术规程和操作技术。一些传统工业岗位上的工人由于受教育程度低,无法满足技术上的要求,从而遭到淘汰。这些等级性失业(class unemployment)人群从此生活水平下降,陷入贫困。这一群体的大多数都有下一代需要抚养,贫困带来的不仅是食品、住房以及医疗上的问题,更揪心的是造成下一代教育机会匮乏,从而陷入无尽头的贫困恶性循环之中。因为一旦被剥夺了教育机会,儿童便无其他出路跳脱贫困恶性循环,仅有的希望也就彻底破灭了。[①]

其中美国贫困人口的主体是城市黑人与少数族裔群体。二战后美国经济的繁荣发展并没有给黑人带来多少实际利益。以个人收入这一主要的经济指标为例:从1947—1953年,黑人家庭的平均收入从3580美元增至4550美元,增幅为28%;而从1953—1959年,由于受到1953—1954年及1957—1958年经济危机的影响,收入几乎没有增长;之后,在1959—1964年间才又恢复了缓慢

---

① Joel Spring. *The American School*, 1642—2004 [M]. New York: The McGraw-Hill Companies, Inc., 2005: 391-392.

的增长势头。① 虽然从表象上看来，1954—1964年间黑人家庭收入的增长速度比白人家庭要快些，但到1964年，黑人家庭收入与白人家庭收入之比和1954年的比率相同，仍然是56％。这期间实际上甚至一直低于这一比率。② 这就意味着，黑人家庭收入的增长速度一直比白人家庭低。黑人和其他少数族裔在此期间的就业和受教育状况同样无法令人满意。1948年黑人的失业率为5.9％，到1954年其失业率猛增至9.9％，1964年其失业率仍居高不下，还有9.6％。虽然同期白人失业率也有所增加，从1948年的3.5％上升到1954年的5.0％，但黑人的境况显然更差，数据显示同一时期黑人与白人的失业率之比由1.7上升到了2.0。③ 这就表明，与白人相比，黑人就业地位非但没有好转，反而恶化了。

在20世纪五六十年代的美国，种族主义依然存在，随之产生的不平等现象仍是十分棘手的问题，其中最明显的问题就是教育不平等。黑人院校仍是美国黑人接受高等教育的主要场所；白人高校的招生政策中也经常出现歧视性条款，把黑人学生拒之门外。虽然联邦政府为绝大多数人提供平等受教育机会也先后出台了一些举措，如1944年的《退伍军人权利法》为众多退伍军人提供了学费资助，使他们获得了接受高等教育的机会，但其资助的对象仍主要集中在白人，黑人并未能获得更多的入学机会。为了争取与白人相同的受教育机会，黑人进行了不懈的斗争。在南部各州，由于根深蒂固的种族隔离观念，黑人无法享有与白人同等的受教育的

---

① U. S. Department of Commerce, Bureau of the Census. *The Social and Economic Status of the Black Population in the United States：A Historical Review 1790—1978*[M]. Washington, D.C.：U.S. Government Printing Office, 1979：25.

② U. S. Department of Commerce, Bureau of the Census. *The Social and Economic Status of the Black Population in the United States：A Historical Review 1790—1978*[M]. Washington D.C.：U.S. Government Printing Office, 1979：31.

③ U. S. Department of Commerce, Bureau of the Census. *The Social and Economic Status of the Black Population in the United States：A Historical Review 1790—1978*[M]. Washington, D.C.：U.S. Government Printing Office, 1979：69.

权利。1954年之前,南部各州的法律中有条款明文规定黑人不能去白人的学校读书。1954年5月美国联邦最高法院对布朗案中做出历史性裁决,即取缔公共学校种族隔离制。自此以后,黑人的入学率和受教育水平有所提升。但这一法律也并未能完全付诸实施,之后很长一段时间学校仍被隔离,到1955年南部17个州的6001个学区中只有741个学区允许黑人白人合校。但最高法院这一裁决其实只在南部生效,因为在北部没有一个州的法律规定黑人不得与白人同校学习。但很多北部城市的教育法中却规定:儿童应就近入学。由于北部普遍存在着种族居住隔离,这一法律规定实际上造成了事实上的种族隔离学校体制。由于无法受法律制约,故北部的这种隔离体制更加难以消除。长期的种族隔离使黑人在受教育,尤其在高等教育这一选择性教育层面,处于竞争劣势。

造成教育不平等的另外一个主要原因是20世纪五六十年代黑人等少数民族的城市化刺激了白人的郊区化。二战爆发以后,由于工业企业劳动力的短缺,黑人迅速向城市迁移,城市的黑人比例迅速增加。到50年代黑人更加速涌入城市。十年间,仅纽约市的黑人人口就增加了46%,底特律黑人人口增加了60%,洛杉矶黑人增加了96%,密尔沃基黑人则增加了187%。城市黑人聚居的问题愈发严重。20世纪五六十年代,在芝加哥每周大约有5个以白人为主的街区转变为以黑人为主的街区。[①] 由于当时黑人大多属于贫困阶层,他们无力及时修缮自己的住宅,所以他们迁入的社区居住环境会急剧恶化,房产价值也随之下跌。而且,贫穷黑人的到来还使白人的社会福利负担加重。因而,白人居民对黑人的大批涌入表现出极大的反感。于是,白人中产阶级放弃城市中心地带,争先迁往市郊。黑人和其他少数民族成员在城市中所占比

---

① Katharine L. Bradbury. *Urban Decline and the Future of American Cities* [M]. Washington,D.C.:The Brookings Institution, 1982:76.

例越来越大。城市公共学校黑人学生人数不断上升,但学校的质量与经费却由于白人迁往郊区而加速恶化。这种中心城市落后的教育体制造成了黑人与其他少数族裔受教育的不平等,因此黑人学生的整体文化水平要比白人学生低得多。统计数据显示,60年代黑人中学毕业生与白人中学毕业生的成绩水平有着三年的差距。[①] 这种差异直接导致了黑人进入高等院校的机会大大降低。据统计,1960年,在5—34岁年龄段的人口中,高等教育在册人数与所有学校在册总人数的比例是6.7%,白人中这一比例为7.15%,而非白人这一比例则为3.5%。同年,美国25岁及以上人口中完成1—3年大学高等教育的人数比例为8.8%,完成4年及以上高等教育的比例为7.7%。白人中的这项比例分别为9.3%和8.1%;而非白人则仅为4.4%和3.5%。[②] 黑人与少数族裔教育的落后状况显而易见,这就使得他们缺乏谋生的技能。在与白人大学升学和就业的竞争中,他们无疑处于明显的劣势地位,就业难度进一步加大,长期陷入失业的困境,因此形成了恶性循环,使得他们一代又一代丧失了摆脱贫困环境的途径。

二、大学入学学生人数激增,高等院校软硬件均无力负荷

20世纪50年代中期到60年代是美国高等教育发展的黄金时期。这期间美国经济持续增长,物质条件改善,家长越来越关注孩子的智力教育问题,而在此之前孩子被视为"植物人"(vegetative being),家长更多关心的是他们是否身体健康。据统计,在1960年到1985年间发表的有关家庭育儿的文章中有近一

---

① Stokely Carmichael, Charles V Hamilton. *Black Power: The Politics of Liberation in America*[M]. New York: 1965: 157.

② 1960 Census: Population, Subject Reports, Educational Attainment: Data on Years of School Completed by Age, Ethnic Origin, Occupation, Income, Etc[EB/OL]. https://www2.census.gov/library/publications/decennial/1960/population-volume-2/41927945v2p5a-5cch3.pdf, 2016-3-9.

第四章 美国高中教育与高等教育衔接政策启动的多源流分析

半聚焦孩子的智力教育,这个比例是 20 世纪 50 年代此类文章的两倍以上。[①] 人们为了提升自己的社会和经济地位,对高等教育的需求也普遍增长;尤其是中产阶级膨胀,家庭财富逐渐增多。对于这些家庭来说,高等教育成为一张在社会地位与经济方面向上攀升的"入场券",越来越多的中产阶级希望子女通过接受高等教育这一途径跻身上流社会;而教育工作者也自信地认为,只要自己付出努力就能够满足人们对教育的要求。于是,在这种背景下美国高等教育开始进入大众化时期。而当 1957 年苏联人造卫星上天以后,强烈的危机意识使得美国大众将教育视为提振美国科技的出路,因此大众对教育抱有近乎狂热的期望;同时政府也希望并深信教育能够推动经济的发展,甚至将教育置于同国防同等重要的地位,进行了大量的教育投入,于是大学入学率激增。

与此同时,由于美国高等教育民主化压力的增强,为了让更多适龄的学生能迈入大学校门,许多两年制学院自 20 世纪 60 年代开始实行"开放招生"制度。社区学院采用的是完全开放的招生制度,即只要是在社区学院所在地区居住的高中毕业生,或者如果没有高中毕业证书但是通过州中学最低水平测试合格的学生,以及本地区年满 18 周岁的任何公民,社区学院一般都予以录取。而另一种的有限开放招生制度,即一些州立大学或学院以及少数水平较低、规模较小的私立院校和教会学校对本州或认可学校的高中毕业生都全部予以录取,但是在录取其他中学的高中毕业生时有一些限制性规定,比如对学生中学毕业最低成绩和班级排名有要求,或者要求学生参加某种形式的测验,等等。

此外,到 20 世纪 60 年代"婴儿潮"时期出生的一代开始逐渐达到大学入学年龄,因而高等教育学生注册量迅速增加,而大学校

[①] Sean F. Reardon. The Widening Academic Achievement Gap Between the Rich and the Poor: New Evidence and Possible Explanations [EB/OL]. https://cepa.stanford. edu/sites/default/files/reardon% 20whither% 20opportunity% 20-% 20chapter%205.pdf, 2016 - 5 - 8.

园由于扩充能力不足难以满足入学人数日益增长的要求。正如1961年1月肯尼迪总统在他的第一次国情咨文中就指出了高中教育与高等教育衔接中一个棘手的问题:40年代战争期间出生的孩子,到50年代已使我们的学校拥挤不堪,现在到60年代正在纷纷进入我们的大学——从现在起的10年里,每两个大学生中就有一个要在学校待十年时间,每一所大学都要增加一倍的学生,而我们的大学对此没有做好准备。[1] 亨伯(Charles J. Humber)在书中曾这样描述他1960年进入天普大学(Temple University)的情景:"开学的前一天我到校报到,竟然获知所有的宿舍都已经满员了,这太令人沮丧了。因为大学招收了太多的学生,校方正和一个空军基地联系来解决多招收的学生住宿问题。"[2]当时的美国面临着大学因为财政困难导致硬件跟不上,教室拥挤,体育馆、图书馆等基础设施都无法满足学生的需求,以至于出现将学生"拒之门外"的尴尬局面。为了缓解这一状况,很多高校开始兴建分校校区。此外,还兴办了大量的新学院与大学。从20世纪60年代中期至70年代,美国创办了至少有490所两年制学院和120所四年制大学。[3] 许多州为了能接收大量涌入校园的学生开始统筹管理州内的公立大学,州立大学扩展规模达到极限。但即使如此,仍无法满足需求,因此很多州立大学只能制定选择性标准来录取学生。

在肯尼迪总统遇刺之后,他的继任者约翰逊总统也深刻地意识到这一问题。1964年5月22日,约翰逊总统在芝加哥大学进行的《伟大的社会》演讲中不仅指出了当时美国高等教育硬件准备的不足,更一针见血地指出了软件上的问题:"我们的大多数教师

---

[1] 梅孜. 美国总统国情咨文选编[M]. 北京:时事出版社,1994:313-314.

[2] Charles J. Humber. *Dad's Best Memories and Recollections*[M]. Victoria, BC, Canada: Friesen Press, 2016: 200.

[3] David Stephen Heidler, Jeanne T. Heidler. *Daily Lives of Civilians in Wartime Modern America: From the Indian Wars to the Vietnam War*[M]. Westport, Connecticut: Greenwood Press. 2007: 153-154.

都薪水低廉,而且我们雇佣的教师很多也并不合格。"[1]高校师资缺口问题形成的主要原因在于与其他职业相比教师职业的吸引力较弱。二战以后,经济逐步恢复,并快速发展,各个行业的薪资都呈上涨的趋势。按理说,教师职业的薪水也应当和其他职业一样有同等幅度的增加。但1940年之后的二十年间,教师的工资不但涨幅远不及其他行业,竟然还落后于生活成本的涨幅。因此,教师的薪水实际上是在下降的;加上税率增加,教师行业遭遇了经济危机。大学教师薪水滞涨的原因并不是大学经费不足。事实上,自二战爆发之后,由于战争的需要,联邦政府开始大力资助美国高等教育,特别是与战争相关的军事技术与基础科学研究成了政府重点资助的对象,一些著名的大学,如普林斯顿大学、麻省理工、加州理工等受益于政府在战争期间天文数字般的赞助。战争结束后为了保持美国在科技和生物等领域的世界领先地位,保持经济增长的动力,政府继续支持一些研究项目的发展。二战结束时,联邦政府对高等教育的资助有所下降,并且资助重点发生转变。1944年美国国会颁布了《退伍军人权利法案》,授权联邦政府资助退伍军人接受高等教育。这种资助在1947年达到其顶峰,当年联邦政府为退役军人的学费和其他费用提供的经费高达3.65亿美元,占所有联邦财政资助资金的70%。1948年之后,受冷战影响,退役军人的补助金有所下降。联邦政府对大学的资助金额也在1955—1956年下滑至二战后的最低点,占各项资助总额的14%。但在此期间,州政府对公立大学划拨的经费增多,学生缴纳的学费也在增加。因此,联邦政府减少对高等教育的资助并没有给大学造成经费上的短缺。随后1957年苏联第一颗人造地球卫星的成功发射,打破了美国科技领先于世界的优越感,美国朝野一片惊慌。在呼吁彻底改造美国的教育制度的声浪推动下,联邦政府再次给大学

---

[1] Kevin O'Reilly. *The 1960s and the Vietnam War* [M]. Culver City, CA: Social Studies School Service, 2007: 95.

划拨大量经费资助科研。因此,大学并不缺少经费,经费分配上的不合理是造成教师工资涨幅缓慢的主要原因。由于学生入学人数增加,旧校舍和设施需要维护,大量新的校舍开始建设,大学中的管理人员也相应增多。和雇佣教师相比,雇佣负责咨询、巡视、注册等学生事务管理人员的成本更高。因此原本可以用来提高教师收入的经费都用在管理人员薪水的支出上了。在对85所大学进行的调查中显示,1929—1952年间,这些大学的学生人均学费上涨55%,平均每位学生的管理费用上涨了76%,维修费用上涨了84%,而教师成本仅上涨了47%而已。据统计,从1929年至1953年,州立大学的助理教授(Assistant Professor)薪水的实际价值下降了1%;副教授(Associate Professor)薪水实际价值下降了6%;教授薪水实际价值则下降了11%;只有讲师的薪水实际价值上涨了9%。而同时期铁路消防员的工资实际价值增加了38%;汽车工人的工资涨幅达到了56%。到1953年,铁路消防员的平均工资已经超过了州立大学的助理教授;铁路工程师的平均薪水也超过了大学教授。1955—1956年,医疗行业的平均工资是16 000美金,而大学教师的平均工资仅仅是5 200美金。① 与其他行业相比,大学教师职业对优秀人才不具有吸引力。

在美国大萧条时期,由于经济不景气,就业机会不多,很多博士生还是会选择毕业后去大学当教师。但自20世纪60年代起,由于经济繁荣,就业形势转好,选择高校教师作为职业的博士毕业生比例持续下滑,尤其是顶尖大学的毕业生很多选择了非教师行业。此外,20世纪60年代的女权运动使女性拥有了很多新的就业机会,教师作为职业对女性的吸引力也减弱了。② 因此,美国高

---

① Salaries and Fringe Benefits[EB/OL]. http://repository.upenn.edu/cgi/viewcontent.cgi?filename=8&article=1007&context=penn_history&type=additional, 2016-2-2.

② Dana Goldstein. *The Teacher Wars: A History of America's Most Embattled Profession*[M]. New York: Doubleday, 2014: 100.

等教育面临着巨大的师资缺口。于是，高校大量雇佣新教师以缓解因入学人数激增带来的授课工作量增加的压力以及过高的师生比的问题。但即便如此也仍无法满足需求。据统计，20世纪60年代，大学入学人数增长了120％，大学数量增加了25％，大学教师数量则仅增长了18％。[①] 而且，由于受聘的新教师中年轻教师比例非常高，这些新晋教师职业稳定性弱，离职率偏高，这也导致整个60年代，美国大学一直存在师资力量短缺的问题。

综上所述，二战后的美国实现了高中教育的大众化。同时，随着社区学院的迅速发展，美国高等教育基础不断扩大，现代美国高等教育多层次、多类型、多元化的金字塔体系已基本成型。这一体系既有以科研和培养研究生为核心目标的研究型大学，也有以教学作为中心任务的大学和学院，还有体现高等教育平等与民主化精神，以培养高技能型人才为使命的社区学院。这种金字塔模式的体系为高等教育和高中教育的衔接提供了多种渠道和通路。但是，由于冷战和大都市区化经济发展所带来的贫困、人口迁移和种族歧视等问题，导致一部分学生由于其社会阶级背景在获得高等教育的入学机会上处于不利的地位。这些问题严重阻碍了高等教育与高中教育的衔接，因此，随着联邦政府在教育事务中的介入程度加深，如何保障处于不利位置的学生享有同等的大学入学机会成为联邦政府亟须考虑和解决的问题。

第二节 政治源流

金登认为，政治源流独立于问题源流和政策源流而流淌，它具有自己的动态特征和流动规则。它主要包括诸如国民情绪、利益

[①] Charles T. Clotfelter, Ronald G. Ehrenberg, MalcolmGetz, John J. Siegfired. *Economics Challenges in Higher Education*[M]. Chicago: University of Chicago Press, 1991: 357.

集团的压力运动、执政党的意识形态以及政府的换届与变动等因素,这些因素都会对决策过程产生影响。

一、国民情绪

金登指出,"一个国家里会有大批的民众正沿着某些共同的路线思考,这就是国民情绪,它经常以明显的方式发生变化,而且它的这些变化对政策议程和政策具有重要的影响"[①]。可见对于努力追求权力稳定的政策制定者而言,在制定一项公共政策时决策者无法漠视国民情绪,因为国民情绪体现的是一种较为普遍的价值取向和利益诉求,通常其表现形式为公众舆论。当公众舆论开始关注某一社会现象,民众也纷纷采取不同的方式来争取平等的权利时,国民情绪便经常以显性的方式促成政策的制定,最终成为政府行为。

(一)国家干预主义思潮

美国民众一直坚持民主和个人自由,始终认为政府的存在是以保护个人权利为其首要目的的。因此,在自由主义的影响下,美国政治事务中主张限制国家权力和保护个人的自由权利,发展代议制政体和议会制度。在19世纪的美国,尤其是在镀金时代,高呼自由放任、抑制国家干预是当时各个阶层人们的共同态度。但进入20世纪以后,美国社会贫富分化加剧,出现大批中小企业破产以及大企业走向高程度的集中等现象,经济形势不容乐观。到20世纪30年代,经济危机爆发,美国经济遭受重创,国内经济形势刻不容缓。以凯恩斯为代表的一批经济学家对传统自由主义理论提出质疑,兴起了一场针对传统自由主义的"凯恩斯革命"。凯恩斯提出,政府必须充分发挥其社会调节的职能,需要由政府来干预社会经济生活,重构美国社会政治经济秩序,从而保证经济与社

---

① 约翰·W.金登.议程、备选方案与公共政策[M].北京:中国人民大学出版社,2004:186.

会协调发展。而在这一时期,美国具有现代性和改革派的中产阶级整体力量日渐强盛,成为各个阶层思想意识的代言人。这批代言人的到来推动了这场革命的进程,催生了国家干预主义思潮。于是,国家干预的思潮在与自由放任的传统自由主义碰撞的过程中渐渐占据上风。

(二)追求教育公平

20世纪中叶之前,美国人一直将优秀的教育视为往社会上层流动的工具和民主传统的标志,然而受教育的权力始终掌握在富裕白人家庭的男性手里。这样的教育制度使少数族裔、贫困人群、外来移民和女性等社会弱势群体的教育机会相对不平等。到20世纪50年代,种族隔离在南方仍是合法的,甚至在很多北方院校也存在种族隔离的现象。这些遭受了种族隔离或不平等待遇的群体开始不断向联邦政府和州政府施压,不断提出教育公平的法律诉讼。其中的典型案例就是"布朗案"。奥利弗·布朗夫妇所在的堪萨斯州和南部的很多州一样,实施所谓的隔离但平等政策,即承认黑人和白人在法律上具有平等地位,但在公共交通、教育、餐饮领域则推行种族隔离。布朗夫妇要求专门为白人子女开办的学校接受他们的孩子上学,但遭到拒绝。于是,布朗夫妇根据联邦宪法第14条修正案关于平等保护的原则,向他们居住所在地区法院提起诉讼。结果,当地法院以"隔离但平等"原则为依据,判决布朗夫妇败诉。1954年,布朗夫妇以同样的理由向联邦最高法院提起上诉。1954年5月17日,最高法院最终以9票对0票做出裁决:在公立教育领域中,"隔离但平等"的理论不成立,隔离的教育设施本质上是不平等的,所以,原告们以及这些诉讼所涉及的其他与原告们有相同境遇的人们,由于他们所控告的种族隔离的原因,被剥夺了联邦宪法第14条赋予的法律平等保护权利。此后最高法院又陆续通过了一系列判决,实质上否定了"隔离但平等"的合法性。"布朗案"代表着最高法院在社会变革和民权运动中的正义姿态,也给非洲裔以及其他少数族裔的不利地位群体带来了无限希望,给予了他们最重要的支持和动力。

面对少数族裔对教育公平的追求,白人的态度就比较微妙。不过,二战后的美国以"自由世界"的领袖自居,声称要把"和平和民主"传播到每个国家,在这种口号下,他们不可能无视国内的种族隔离现象。一些民主意识强烈的白人也已经意识到消除种族歧视是历史的必然。因此,这批白人也开始为争取种族平等,尤其是教育公平大声疾呼。而此时对于所有美国人而言,教育平等已经成为无法拒绝的话题,追求教育公平成为整个社会的舆论导向。

(三)对高中教育质量的批评

20世纪30年代,经济危机导致美国工作机会锐减,为了避免青少年与成人竞争工作机会,中等学校的教育者不得不为学生提供不太严苛的一般性学术课程以尽可能地满足学生入学的需求。中学降格为青少年脱离劳动力市场的避难所,"中学逐渐由以学术和职业教育为主导转向于关注监护(custodial care)功能"。[1] 这违背了在20世纪早期便确定的美国高中教育的主要目标,即为学生的升学和就业做准备,也降低了美国高中教育的学术水平。二战期间,中学入学率下降。所以当战争结束后,为了恢复中学的入学率,中学开始推广生活适应教育,通过降低课程标准以及生活适应教育留住学生。在生活适应教育运动中,中学的监护功能并没有弱化,相反还得到了加强。在无限度满足学生入学需求的过程中,中学课程的内容和标准也在不断降低。公众开始质疑高中教育的质量问题。特别是1957年苏联人造卫星上天,美国各界开始恐慌,认为美国在科技上落后于苏联,并将科技的落后归咎于教育质量的下滑,而进步教育哲学则是教育质量下降的罪魁祸首。于是,整个美国社会抨击进步教育的文章比比皆是,尤其是高中教育成为批评的焦点。

---

[1] Barry M. Franklin, Gary McCulloch. *The Death of the Comprehensive High School?* [M]. New York: Palgrave Macmillan, 2007: 34.

第四章 美国高中教育与高等教育衔接政策启动的多源流分析

公共舆论的放大效应使得社会各界对教育问题愈发关注。新闻媒体通过对社会问题的宣传不仅可以促成国民情绪的生成,而且可以引导人民群众有效地表达诉求,并使民意诉求集中表达。1953年,历史学家阿瑟·F.贝斯特(Arthur F. Bestor)在《教育的荒原》(*Educational Wastelands*)一书中首先对进步主义教育进行了批判。他认为,进步教育降低了美国高中教育的学术标准,削弱了美国高中教育的教学质量,扭曲了美国高中教育的真正职能,将一个原本以学习知识、发展智力为主要目标的学术机构变成为一个多种目标混杂的马戏团,以至于美国的民众、学生、家长、教师乃至教育管理者不再清楚美国的高中教育到底将要扮演何种社会角色。贝斯特比较了美国和其他国家、特别是西欧一些国家的教育制度,由此得出结论:美国学校以及美国学生在学术上处于劣势的根本原因在于缺乏严格的学术标准和系统的学术训练。美国核潜艇之父,海曼·G.里科弗(Hyman G. Rickover)在《关于苏联的报告》(*Report on Russia*)中,将美国综合中学的毕业生与苏联十年制学校的毕业生进行比较,结果发现苏联的中学生比美国的中学生至少提前两年掌握"坚实的基础教育"。

批判者中还包括著名教育学家科南特,他们一致认为中学忽视了数学、科学和外语等学术科目的教学,而且课程内容与标准过低,这不利于国家培养和造就卓越人才。于是,全美开始了一场有关中学教育质量的大论争。呼吁教育改革之声日益强烈。各界一致提出倡议,中学阶段应以智育为重。[①] 也就是说,高等教育的主要目的是为了培养科学家,那么高中教育的目的就是为培养未来的科学家做准备。甚至还有专家提议小学阶段也应该彻底抛弃实用主义教育的实践,加强传授文化知识,以便实现与高中教育目的的衔接。

---

① 雷鼎国.美国教育制度[M].台北:台湾中华书局,1970:82.

二、政权更迭

（一）杜鲁门"公平施政"方针下资助学生平等接受高等教育的倡议受阻

二战后，初期，美国教育的发展面临着严重的财政缺口。一方面，数百万儿童由于校舍或教员的缺乏而不能受到良好的教育；另一方面，科学技术革命的迅速发展迫切需要熟练工人、工程师、技术员、各行各业的专家和科学家。在这种情势下，杜鲁门总统于1946年成立了"总统高等教育委员会"。在祖克（George F. Zook）的领导下，全美28位大学校长对美国高等教育进行了全方位调查。根据智力测验分数的分析，至少超过49%的人有能力完成14年的教育，至少32%的人有能力完成高等文理或专业教育。而1940年美国高等院校入学人数约为210万人，仅占适龄青年的16%，这意味着，美国另有一倍的青年人没有接受应有的高等教育。正是在这一项调查研究的基础上，杜鲁门总统预见到了美国高等教育大众化的发展趋势。1947年，高等教育委员会发表了《为民主服务的高等教育》的报告。该报告以发展高等教育民主为口号，指出"给有才能的，但由于经济困难而不能继续学业的10至14年级学生提供资助的时代已经到来"，果断提出了为经济困难而不能接受高等教育的学生提供资助的政策建议。报告认为，"对许多年轻人来说，家庭的低收入再加上不断上涨的学费，构成了他们几乎无法逾越的障碍"。而且更严重的是，倘若"容忍接受高等教育的机会在相当大的程度上取决于个人的经济地位，不仅使数百万年轻人失去他们有权拥有的机会，而且使国家丧失了它所迫切需要的大量潜在的领导人才和各种其他人才"。杜鲁门更是在1948年致国会的年度咨文中，强烈建议联邦政府提供财政资助，以保证各州有更多的公民能够获得中等以上教育的机会，不要因为经济困难而导致他们无法完成这一教育目标。但遗憾的是，当杜鲁门一提出教育资助政策建议，便遭到罗马天主教徒的反对，理由是该方案没有考虑到教区学校的学生;南部民主党议员则是因为害怕联邦政府对教育的财政援助,会像《第二莫里尔法案》那样附加取消种族隔离的条件而导致南部学校的尴尬,所以也采取抵制态度;另外一些政治家也反对联邦政府通过资助政策实现对教育的控制。因此,由于遇到诸多的阻力,杜鲁门的这一建议最终并未被采纳并付诸实施。

(二)保守的艾森豪威尔被"卫星冲击波"带入教育改革的洪流

艾森豪威尔上台后,其施政的重心是尽力结束朝鲜战争,将美国民众带入和平、自由的生活中去。于是,美国进入了一个相对稳定的时代,有着"丰裕社会"(Affluent Society)之称。对于教育,艾森豪威尔并不热情,也不愿意投注太多的精力。他的领导哲学是联邦政府的"少干涉主义"。因此他也不赞成联邦政府对教育进行援助。艾森豪威尔在他的回忆录中记录了他在第83届国会的一次会议上的发言,"我认为联邦政府决不能插手学校办学经费的问题,因为我相信,如果联邦政府承担这一责任,那么它在教育领域中将获得永久的和愈来愈大的权力,结果会使每个州都渴望华盛顿给予越来越多的帮助以缓解自己的负担。这一做法必将使联邦政府的管理职责与事务扩大到不可收拾的地步。在我看来,由国家来管理诸如课程设置或教师监督之类,都是头等的灾难"[1]。在1958年的一封信中他明确反对政府对教育任何形式的资助,"我们的高校在这方面越依赖于联邦政府的帮助,联邦的影响就会越坏"。

但是,历史的发展往往出人意料,也让艾森豪威尔措手不及。1957年10月4日,苏联人造卫星发射升空,这造成了美国全国上下的恐慌。因为在此之前,美国民众非常自信地认为,与苏联相比,美国无论是在经济、军事还是在科技上都有着相当大的优势。

---

[1] 德怀特·D.艾森豪威尔.艾森豪威尔回忆录·缔造和平(1956—1961):第1卷[M].静海,译.北京:三联书店,1978:157.

而苏联率先成功发射人造卫星打击了美国人的自信,大家开始担心美国的科学是否已经落后于苏联,甚至怀疑是否美国会在冷战中落败。卫星冲击波的后果便是美国开始反思国家落后的原因。最终,美国人将落后归咎于教育未能给国家培养出优秀的科技人才。在苏联卫星升空后的第三个月,艾森豪威尔发表声明指出,美国教育应为国家安全而服务。尽管并非心甘情愿,但在社会各界的强大压力之下,艾森豪威尔对教育给予了极大的关注,并将教育改革视为联邦政府应对危机的解决方案。

1958年1月27日,艾森豪威尔向国会提出一项教育特别咨文,对高中辍学以及那些经济困难的优秀高中毕业生无法进入大学的现象痛心疾首,并力图改变这一现状。艾森豪威尔在咨文中明确指出,每年很多年轻人都从高中辍学,而且许多优秀的高中毕业生无法进入大学继续学业。这是人才的浪费。政府需要采取措施鼓励这些有用之才能继续深造,从而发挥他们的才能。他建议给各州拨款改进测试项目,便于更早更准确地测量学生的潜能,从而发现天才儿童;拨款给各州加强高中为学生提供的咨询和指导服务。通过对学生进行适时的指导,学生能够对学习投入更多的精力,对学习保有兴趣不中途辍学,同时也能够为继续高等教育做好准备;同时,建议创建一个奖学金项目,帮助那些贫困而有能力的优秀高中毕业生有机会接受高等教育。奖学金的配额将会平均分配给每个州,各州根据具体情况分发奖学金。但这些奖学金更倾向于优先给予那些在科学或数学上具有天赋的学生。[①]

艾森豪威尔透过这份咨文向国会表达了自己对制定教育法案的支持,其中的建议其实是对教育法案内容的构想。国会议员随后提出初步的议案,国会两院对议案进行了相关讨论。经过几次反复修订,美国参众两院的议员代表于七八月份分别提出了正式

---

① Dwight D. Eisenhower. Special Message to the Congress on Education [EB/OL]. http://www.presidency.ucsb.edu/ws/? pid=11207, 2016-2-16.

议案，交由国会讨论并审议，八月底两院正式通过法案。1958年9月2日，艾森豪威尔总统签署通过了《国防教育法》。该法案的重点之一便是加强天才教育，使任何英才不因经济困难而失去享受高等教育的机会，它主要体现在法案的第五章中，具体内容为：

第五章，教育指导、辅导和测验；选择和鼓励有才能的学生

第一款：州立项目

授权拨款：每年拨款1,500万美元给各州教育行政部门以实施教育指导、辅导和测验工作。

想要申请此类经费的州需要提交符合以下要求的计划：

1. 公立中学对学生进行测试以甄别有特殊才能的学生

2. 公立中学设立咨询和指导项目，根据学生的特长提出选修相关课程的建议；以及鼓励能力出众的学生完成中学学业并且选修必要的课程，为升入大学做好准备。

第二款：指导和咨询培训机构

与高等院校签订协议并设置训练机构，每年拨款725万美元，为中学现任指导员和辅导员提供短期培训，提升他们为学生提供升学建议和咨询的水平，从而能让更多的学生受益，完成中学学习，并能顺利进入高等学府。

艾森豪威尔本人在签署该法案时仅仅将《国防教育法》视为一项临时性的法案，认为干预教育事务不应成为联邦政府的责任。而事实情况并非如此，随着《国防教育法》的颁布与实施，联邦政府与教育之间的关系也发生了微妙的历史性变化。联邦政府不再回避教育事务，制定教育政策成为联邦政府的一项重要职责。

(三) 肯尼迪开拓教育立法的努力

和艾森豪威尔不同,肯尼迪将教育视为国家"自由与进步的关键所在"[①]。肯尼迪支持教育立法,并竭力推动联邦政府在教育事务上发挥作用。他是美国历史上第一位在官方文件中正式承认高等教育关系到联邦政府利益的总统。

在肯尼迪执政时期,苏联实力持续上升,美国经济的增长速度却在放缓,国际国内形势形成了反差,肯尼迪政府不得不重新继承新政传统,加大社会改革的力度。于是,肯尼迪总统提出了"新边疆"(New Fronts)施政纲领,而联邦资助是"新边疆"计划的里程碑。当时一份对肯尼迪行政工作中所关注的国内事项的调查报告显示:联邦政府对教育的关注度高达91%,名列首位,其他事项依次是医疗、失业、民权等。1961年上任之初,肯尼迪便向国会提交了咨文,明确表示其教育计划的重心之一就是帮助贫困高中毕业生顺利进入大学。肯尼迪在1961年2月20日致国会的特别咨文里指出,预计仍有三分之一的优秀高中毕业生由于经济困难无法进入大学学习。他建议国会修订《国防教育法》中的学生贷款条款。此外,他还建议设立五年期的奖学金项目,对学生进行资助:第一年设置人均700美金的奖学金25 000份;第二年,37 500份;第三年至第五年,每年50 000份奖学金。由于高校培养学生的费用往往超出学生所缴纳的学杂费,因此在给学生发放奖学金的时候也应该给招收这些学生的高校一定的额外补贴,以杜绝高校对这些学生征收其他的费用。[②]

同年,肯尼迪还向国会提交了多项有关教育的提案,其中涉及中小学与大学资助和教师培训等多个方面。但遗憾的是,这些提案都未能最终通过。其中关于公立学校援助的提案虽然通过了参

[①] O'Hara, John F. *Kennedy on Education*[M]. New York: Teachers College Press, 1966: 24.

[②] John F. Kennedy. Special Message to the Congress on Education [EB/OL]. http://www.presidency.ucsb.edu/ws/? pid=8433, 2016-1-12.

议院的讨论,但在报众议院的讨论时遭到了质疑,最终未能获得多数投票通过。1962年,参议院和众议院讨论了很多有关大学资助的提案,但最终也都搁浅了。作为美国历史上最重视教育的总统之一,肯尼迪无力说服国会通过他的多个教育提案,这也宣告了肯尼迪第一次的教育立法尝试失败。在教育立法上,国会通过的唯一决议就是延长《国防教育法》的有效期限,增加两年的适用期。

虽然第一次的教育立法遭受挫折,但肯尼迪总统对教育问题仍没有放弃。他依然非常关注中学生中途辍学和中学毕业生无法按自己的意愿上大学的问题。鉴于之前的提案未能通过,肯尼迪改变了策略。他认为之前失败的原因主要是这些提案过于具体和独立,往往只是针对教育的某个阶段或某个问题;而教育的各个阶段都相互关联,不能割裂地去看待教育问题。大学依赖于中小学输送生源;中小学依靠大学培养合格的教师。因此,如果有一个综合性的法案,涉及教育的各个阶段,能满足与教育相关的不同群体的利益,那么法案获得通过的概率就会大大增加。于是,1963年1月29日,他又向国会提交了一项综合的"国家教育促进法"(the National Education Improvement Act of 1963)。其中和高中教育与高等教育衔接相关的建议主要集中在以下三个方面:

第一,扩大高等教育入学机会。

肯尼迪指出,超过一半的家长都希望他们的孩子上大学。但是,目前仅有三分之一的孩子能够上大学。即使是上了大学的学生也有40%无法毕业。对学生资助的力度不够是这一现象的重要原因。事实上,资助学生并非是新鲜事。已有超过三百万的二战和朝鲜战争的退伍军人获得了联邦政府60亿美金的援助进入大学进行学习。《国防教育法》的学生贷款项目也已经为1 500多所高等院校的300 000多学生支付了近2.2亿美金的学费。但是,每年联邦政府对高校资助的上限仅为250 000美金,这就限制了至少98所院校的贷款总金额。因而,这些院校中仅有5%左右的学生能够获得援助。很多低收入家庭的学生不得不在大学求学期间靠兼职赚取收入才能继续学业。因此,目前需要其他种类的资助形式。

因此,肯尼迪向国会建议:

(1) 扩充《国防教育法》学生贷款条款,不再对学生贷款设限额。

(2) 授权一个联邦担保的商业贷款项目。联邦政府向那些能为大学生提供贷款的银行提供担保。

(3) 为经济窘迫无法负荷太多贷款的大学生设立一个工作—学习项目。学生可以在大学里找到与教育相关的工作机会,如在实验室和图书馆工作或是担任研究助理。

(4) 提高《国防教育法》奖学金的份额,建议从1 500增加到12 000份。并授权对大学生奖学金和其他经济资助的需求进行调查和评估,其研究结果可以为下届国会进行教育援助提供数据参考。

第二,加强和改善高等教育。

肯尼迪指出,在接下来的15年间,每年平均大学入学人数将增加340 000人。到1970年,大学生入学人数将达到7 000 000人,因此高校急需配备230亿美金的新设施,这将是过去十年配置的设施总量的三倍。因此肯尼迪建议,为公立和私立的高等院校提供贷款筹建学术设施。

此外,肯尼迪认为,很多年轻人接受高等教育的机会受限的原因是他们所在的社区周围没有大学。调查研究显示,在大学方圆20—25英里范围内的高中毕业生上大学的概率要远高于居住在那些远离大学的社区的高中毕业生。因此,他建议为各州提供经费创建更多的社区学院。

第三,提高教育质量。

肯尼迪指出,知识源于研究,诸如医疗健康和农业等多个行业都非常重视科学研究。但是对教育的研究却一直未受到重视。美国有近1%的教育经费投入了教育研究,但公众对教育研究的问题和教育研究的回报率始终知之甚少。在过去20年,甚至50年间,教育研究的成果很少能被应用于教育实践,并且教育研究也无法与教育的发展同步。因此,肯尼迪建议加强教育研究力度。[1]

尽管肯尼迪对这个综合性法案提议投入了很多精力也抱持着相当大的期待,但国会的一些议员对总统如此庞大的立法提案并不为所动,认为该提案的实施难度相当大。最后的结果是,1963年5月22日,美国众议院教育和劳工委员会主席鲍威尔(Adam Clayton Powell)宣布肯尼迪总统放弃庞大的综合性立法提议。鲍威尔建议将总统的立法提议分开单独处理,分别以"职业教育法案"(Vocational Education Bill)和"高校资助法案"(College Aid Bill)提交国会众议院讨论。但不幸的是,同年11月,肯尼迪遇刺身亡。这样,肯尼迪最终未能实现其宏大的教育计划。

(四)约翰逊公平教育理念的推行

肯尼迪去世后,约翰逊接任总统一职。约翰逊认为教育是建设"伟大社会"的基石。他也自诩为美国最后一位教育总统。在接任总统后,约翰逊也接手了肯尼迪总统未完成的教育计划,决心让肯尼迪的立法议程获得通过,并将教育列入国家的政治议题之列。他在回忆录中写道,"无论对或是错,我从就任第一天起就立志要为肯尼迪总统完成未竟的事业。我应当成为他的人民和政策的守护者"[2]。事实上,约翰逊幼年时家境贫寒,深刻体会了底层社会教育机会的匮乏。在他成年之后又曾做过教师,因此他对扶贫和扶持公立教育体系怀着特殊的感情,有着浓厚的兴趣。约翰逊在演讲中反复强调,"我们国家所有问题的答案、世界所有问题的答案,如果你对其进行分析,都可以归结为一个词——教育"。

当时的美国正在经历着著名作家迈克尔·哈林(Michael

---

[1] John F. Kennedy. Special Message to the Congress on Education [EB/OL]. http://www.presidency.ucsb.edu/ws/?pid=9487,2016-3-19.

[2] Lyndon B. Johnson. *The Vantage Point: Perspective on the Presidency* (1963—1969)[M]. New York: Holt, Rinchart and Winston, 1971: 19.

Harrington《另一个美国》(*The Other America*)一书中所描述的"看不见的贫穷"。作为有着远大抱负的政治家,约翰逊将反贫穷作为其施政的口号,发起了一场自罗斯福"新政"以来最大的社会改革。他认为,在这个社会里,所有孩子都能接受良好的教育,不再因为贫穷上不了学;所有公民,不论种族、信仰或是肤色,都一律平等;应当通过教育来消除贫困;人们也要通过受教育来摆脱贫困。[①] 相对于肯尼迪的保守内敛,约翰逊在推行改革时外显胆识,内具谋略。他将罗斯福总统视为榜样,秉持着民主和政治实用主义结合的执政理念去实现"所有人的教育"的理想。因此,他在通过任何教育法案之前,都会用确切的数据和事实向公众说明当前美国教育的不足,并指出倘若不及时纠正或弥补,那么就会白白浪费纳税人的钱。在面对国会议员时,他会采取一切策略获得他们的理解、认可和接纳,从而保证他的提案顺利通过。也正是因为约翰逊所付出的这些努力,他将1947年杜鲁门总统提出的"公平教育"目标最终实现。

综上所述,由于执政者的价值观及其执政理念引领着各项执政活动,只有符合执政者价值观的议案才会受到重视并被纳入议事日程。随后,他们才愿意耗费时间和精力去研究和修改方案,推动这些方案进入国会议程,并尽力说服议员使议案获得通过。从这点上来说,执政者的价值观在政治源流的各个因变量中起着相当重要的作用。但美国的制度决定了总统的权力受到国会和最高法院的制衡。总统的重大提案或政策必须经过国会的通过才能有效。因此,总统的意志无法凌驾于国会之上,所以最终通过的法案也并非完全迎合领导人的价值观取向。

[①] George Kaplan. Hail to a Chief or Two: The Indifferent Presidential Record [J]. *The Phi Delta Kappan*, 1984(1): 7.

三、利益集团的压力作用

在政治源流中活跃着大量有组织的利益集团（organized political forces）。戴维·杜鲁门（David B. Truman）认为，所谓的利益集团，"包括任何这样的集团，是指在一种或几种共同的态度基础上，为了建立、维护或提升具有共同态度的行为方式的集团"。[1] 在这些形形色色的利益集团中，由于各自努力的目标不同，不同的利益团的关注点并不相同：大多数是由于关心本集团内部的利益而结合而成的；也有些是"公共利益"集团，它们重点关注诸如环境保护之类的某种公众利益。

利益集团主要影响议程建立和备选方案的产生。通常他们会将自己的备选方案依附在已有的议程上。利益集团通常会采取一些行动来推动对他们有利的政策方案的实施。这些利益集团与政府之间存在着政治上的博弈。在这种博弈之中，一方凭借自身独有的优势，来谋取另一方手中自己需要的东西。哪一方所掌握的资源更具影响力，哪一方便握有主动权，就能够控制乃至主宰另一方的态度及行动。在现代社会，信息如汪洋大海，政府立法者无暇亲自去调查获得一手资料，故而必须假借其他的力量，而利益集团可以成为其可靠的信息提供者。随着利益集团活动范围越来越广阔，其组织性和政治影响力也大大加强。金登在政府外部参与者的分析中，阐述了利益集团的重要性。利益集团往往可以凭借其拥有的巨大力量对政府政策的制定产生压力作用。首先，利益集团利用其拥有的大量资源来影响国民情绪，并且能设法通过各种渠道把对自己有利的信息传递到立法机关，使他们的主张被政府所接受。[2] 其次，利益集团为了维护自己的主体利益会推动或阻

---

[1] ［美］戴维·杜鲁门.政治过程［M］.陈尧,译.天津：天津人民出版社,2005:37.
[2] Patrycja Rozbicka, Florian Spohr. Interest Groups in Multiple Streams: Specifying Their Involvement in the Framework［J］. *Policy Sciences*, 2016(1): 55－69.

止政策的制定。他们努力使本集团的问题进入议程,并给政府提供合适的方案,从而对政策的制定和形成起到推动作用;相反他们也会试图阻止对本集团不利的政策立法,对政策议案的通过起到阻碍与消极的作用。虽然各个利益集团之间存在共识,但他们在同一问题上的观点和立场上常常是相互对立或抵触的。他们在政策制定过程中相互博弈,寻求力量上的平衡。但这一过程并不是依靠科学的、理性的说服来完成的,而是通过政治的艺术——妥协和讨价还价来达成的。事实上,利益集团间通过集聚与联合(coalition),实现信息共享,相互支持,达成共识,这样更可能将议题推入议程。因此,利益集团之间、集团和政府之间,存在着相互制衡的关系。多方之间的政治博弈,使得最终制定的政策是众力作用的结果,在一定程度上兼顾了各方的利益。

美国是一个多种族的移民国家,从殖民地时期开始,世界各地的人民就向北美大量移民。在历史演进过程中,以盎格鲁—撒克逊民族为主体的白人成为美国社会的主流人种,他们对非洲裔、西班牙语裔、亚裔、犹太裔美国人及印第安人等少数民族实行歧视和压迫政策。美国这种多元化的社会结构是利益集团存在和发展的基础。美国实行联邦制,中央与各州分权,两级政府又实行立法、行政与司法三权分立。这种权力分散的政治体制为利益集团提供了极其有力的政治环境。利益集团可以通过向各级政府以及向同一级政府的立法、行政和司法部门分别施压以实现影响议程的目的。并且,美国各政党内部意见也并不完全一致。党内成员之间对于某些问题的态度和意见上存在分歧,也许比另一党成员的分歧还要大。在进行法律或政策制定的决策投票时,政党成员往往更多地考虑自己选区的利益以及与自己有密切关系的利益集团的利益。这种情况鼓励利益集团同时向两党的议员或官员进行游说,尽最大可能寻求对其立场和利益的支持,增加了实现其利益诉求的可能性。此外,美国体制中强大、独立的司法体系也加强了利益集团势力。许多在其他一些民主政体中归立法或行政机构处理的问题,在美国往往由法院来裁决。因此,利益集团可以通过法律诉讼来达到无法通过立法途径实现的决策目标。而且美国宪法保护言论、新闻出版与结社自由,这就意味着,几乎任何利益集团所表达的观点,无论多么激进,都有公开传播的机会。

综上所述,美国无疑是世界上利益集团参与和影响立法最活跃的国家,利益集团在政策制定过程中起着重要的作用。它们搜集资料、提供信息,并从社会、经济、政治和法律等各个方面提出相应证据来支持自己的观点,表达自己的利益诉求。

高中教育与高等教育衔接问题涉及教育体系的两个重要阶段,其中关系到教师、学生、家长、学校(公立、私立或教会学校)以及各级政府等多个利益团体,他们之间利益诉求不尽相同。如果他们形成对峙,无法达成一致意见,无疑就会削弱这些利益集团在教育政策决策过程中的影响力。相反,如果他们在某一点上利益相投、结成同盟,那么他们合力作用就能推动教育决策的进程。在解决高中教育与高等教育衔接不畅的问题上,联邦政府一直试图用财政资助的手段介入,但这个过程中一直有来自不同利益团体的阻力,形成僵局。直到 20 世纪五六十年代,一方面,教育利益集团尤其是高等教育利益集团之间形成利益聚合,与政府开始和解;另一方面,黑人等弱势群体开始集体发声,这种情况才有所改善。

(一)教育利益集团的聚合及与政府关系的和解

二战之前,美国教育利益集团之间相互独立,各自立场也不一致,并且对联邦政府插手教育有抵制的倾向。联邦政府一直试图通过对学校立法资助来实现发展教育的目标。然而,美国的公立与私立学校的两大教育阵营对政府干预的立场泾渭分明:私立学校在法律上是独立的权力主体,传统上坚持自主办学,不希望政府干预自己的事务;而公立学校虽然也不希望政府干预,但是仍希望从政府那里得到经费支持。而联邦政府在财政支持上对公立和私立学校的态度也不一样。基于美国的政教分离的精神,政府不能直接干涉宗教事务,也不应资助宗教学校的发展。因而联邦政府将私立学校,尤其是宗教学校排除在资助范围之外。对于公立学校,联邦政府则愿意出资支持其发展。正是由于教育团体之间利益诉求的差异,导致它们与联邦政府之间的关系松散,在联邦教育政策制定过程中教育利益集团的影响力和作用十分有限。二战后,尤其随着美苏之间冷战的升级,美国政府愈发重视教育发展,尤其为高等教育的基础建设提供了大量的经费支持。这使得教育利益集团与联邦政府的关系日益密切。到 20 世纪中期,随着高中教育的普及和高等教育的大众化进程的加速,无论是中等学校和高等院校在软件和硬件上都捉襟见肘,对于联邦政府的财政支持依赖性越来越大。此时,公立和私立学校对政府资助的态度趋于一致。尤其是私立学校对于联邦政府的资助逐步从抵制转向依赖。所以当 1961 年在肯尼迪向国会提出的"公立学校法案"中特意说明,"根据宪法的明确规定,初等和中等学校的资金不能用于建设教会学校"时,很多教会学校,甚至是整个宗教界对此举非常不满。全国天主教福利会议(the National Catholic Welfare Conference)声明,反对"任何排除私立学校的联邦资助项目"。[①] 当各个教育利益集团在职能和利益诉求上越来越趋同时,他们为了维护共同的利益开始重视与联邦政府之间的互动与联系。

但是由于美国教育管理权在各州,到 20 世纪中期,美国的联邦教育管理机构——联邦教育部还只是一个收集、处理和分发情报和信息的机构,对美国教育事务缺乏统筹管理的能力。于是,一些全国性教育集团应运而生,从而弥补了地方分权教育管理体制的不足。其中,美国教育理事会成为能见度高的"伞状协会",对教育领域的众多利益集团起到了统领协调的作用,成为这些利益集团的总代言人,对教育政策的执行和实施产生了广泛而重要的影响。与此同时,各个教育团体彼此间也加强了交流。20 世纪五六

---

① James I. Sundquist, *Politics and Policy: the Eisenhower, Kennedy, and Johnson years*[M]. Washington, D.C.: Brooking Institution, 1968: 189.

十年代,高等教育集团(包括美国教育理事会)纷纷在华盛顿设立办公机构或者将总部迁往华盛顿,大部分机构都位于华盛顿的杜邦环岛街区。地理位置上的便利也为这些利益集团的负责人之间的交流提供了更多的机会。他们定期或不定期组织聚会,有时也邀请政府官员来参加。聚会的主要目的是分享信息、探讨与教育有关的问题,相互协商并初步达成共识。最早的这种非正式聚会被称为"政府关系午餐俱乐部"(lunch on club)。这个俱乐部每两周在布鲁金斯研究院(Brookings Institution)聚会一次,参加者主要是各高等教育利益集团的负责人,偶尔也有教育行政官员参加。他们通常是借午餐之机互换立场,商讨协会与联邦政府的关系以及相关事务。

1962年,美国教育理事会重组之后,十二个教育协会的负责人每个月都和美国教育理事会的主席洛根·威尔逊(Logan Wilson)组织一次聚会,被称为秘书处(the Secretariat)。参与秘书处会议的协会包括称为美国高等教育"六大协会"(the Big Six)的美国教育理事会(ACE)、美国州立学院与大学协会(AASCU)、公立及赠地大学协会(APLU)、美国大学协会(AAU)、全美独立学院及大学协会(NAICU)、美国社区学院协会(AACC)和新教学院理事会(Council of Protestant Colleges),美国国家认证委员会(the National Commission on Accreditation),以及美国大学教授协会(American Association of University Professors)。与会的代表讨论的话题大多都与联邦教育立法有关,相互协商以寻求共识。一旦他们就某个问题达成一致意见,他们就组织不同的协会去和相关的政府或立法官员进行联络和游说。

综上所述,在20世纪五六十年代,美国各个教育集团有了共同的利益诉求,即积极争取联邦政府的财政支持。在这种情势下,这些教育利益集团联合起来表达利益诉求,对政府机构施加压力,促使其制定有利于他们的政策。

(二)非教育利益集团:民族利益集团和种族利益集团

在美国高中教育与高等教育衔接政策的制定过程中发挥作用的利益集团除了上述教育领域中的利益集团,还有其他领域中的利益集团,虽然他们在数量与类型上不及教育利益集团,但也对教育决策的制定发挥了重要的作用。这些非教育利益集团主要包括民族利益集团和种族利益集团。美国的宗族结构相当复杂,部分种族与民族处于社会的底端,受到社会多方面的不公平待遇,其中包括教育上的不公平。因此,为了维护自身的合法权益,这些种族与民族组成自己的利益集团,积极参与各项政治活动。为了争取教育公平,这些利益集团通过直接游说教育政策制定的相关国家官员、州与学区的有关政府人员等,以及通过公共宣传、影响选举等方式将本集团成员的利益诉求输入到政府的决策过程中,使最终的教育政策维护本集团的合法权益。

美国历史上非裔美国人挑战教育上的种族隔离的努力曾屡遭挫败。直到20世纪五六十年代,这种情况开始改观。这一时期民权运动风起云涌,教育公平是民权运动的一大主题。众多的民权利益集团和种族利益集团组成了广泛联盟,积极争取平等的受教权利。其中全国有色人种协进会(National Association for the Advancement of Colored People,简称 NAACP)和城市联盟(Urban League)两大协会发挥了重要的作用。

在美国黑人争取平等权利的斗争中,全国有色人种协进会通过坚持不懈的司法诉讼,最终成功地挑战了美国社会中的种族隔离制度。但最初全国有色人种协进会并没有直接挑战学校教育中的种族隔离,而只是争取"隔离但平等"这一原则中的绝对"平等"。1948年到1950年,全国有色人种协进会以争取教育中的"平等"为主要目标援助黑人诉讼。这些诉讼请求最终得到了联邦最高法院的支持,这无疑大大鼓舞了全国有色人种协进会的斗志。1950年以后,全国有色人种协进会便利用"平等"问题直接挑战"隔离但平等"原则的合法性。1950年,在全国有色人种协进会带领之下,以奥利弗·布朗作为第一原告和当地有相同背景的家长们一起对托皮卡教育局提起集体诉讼,又称布朗案。1954年,马歇尔(Thurgood Marshal)和全国有色人种协进会的其他律师在堪萨斯州取得了布朗案的最终胜诉。布朗案对于全国有色人种协进会是一次里程碑式的胜利,引发了之后五六十年代更多的抗议和示威活动。

城市联盟也在争取取消公立学校种族隔离制度的斗争中起了极大的作用。1961年,惠特尼·杨(Whitney Moore Young)成为城市联盟的主席。杨上任后不到一年,他便有机会和肯尼迪总统会面。凭借着其个人的能力与魅力,杨领导下的城市联盟与联邦政府建立起紧密的联系。1962年,联邦政府特意向城市联盟发出邀请,在华盛顿召集了90名城市联盟的成员和志愿者进行了为期三天的会议。肯尼迪政府对杨出色的领导力非常欣赏,因此城市联盟在华盛顿的办事处成为联邦政府机构与联盟的联络处。在肯尼迪总统遇刺身亡之后,杨和约翰逊总统政府建立了更为紧密的关系。杨的专著《追求平等》(*To Be Equal*)中所提出的"美国国内马歇尔计划"(Domestic Marshall Plan)对约翰逊总统的"向贫困宣战"的战略实施有着重大的影响。该计划旨在消除贫民区,并呼吁政府增加教育、住房、职业培训以及健康服务上的投入,建议政府为此在十年间投入1 450亿美金。

正是由于这些民权与种族协会的不懈努力,向法院提出诉讼、对公众进行间接游说,甚至和总统合作对立法机构进行了大量的游说工作,缩小了黑人和白人在教育领域,尤其是高等教育领域教育的机会和经费上的差异。

第三节 政策源流

政策源流是由一系列针对如何解决问题的政策建议所组成。金登将政策源流比喻为"政策原汤"(Policy Soup),认为由研究人员、政府官员、学者、利益集团成员等组成的政策共同体提出的思想、备选方案和政策建议会在共同体中四处漂浮,就像在生命诞生之前分子生物学家所称的"原汤"中浮游,不同思想之间经过一轮相互碰撞、重组、结合后,一些符合某些标准的思想会幸存下来并获得重视。通常政策建议是否能够幸存下来取决于其技术可行性、实践的可操作性与价值观念的可接受性。对于美国高中教育与高等教育衔接的问题,学者、官员和总统指定成立的教育问题研究小组分别从不同角度提出了多种政策意见与建议。

一、学者:科南特追求教育公平的教育策略

二战后,美国教育进入大发展和大改革时期,教育民主化向纵深发展已成为不可逆的时代潮流。如果按照传统激进派的主张,一味提高学术标准,可能会产生新的不平等。少部分天赋优异的学生升入大学,成为未来社会的领导者;而大部分水平一般的学生既没有资格和能力升入大学继续深造,又没有学会某项职业技术,导致无法就业。大批青年失业必然会造成社会秩序混乱。

在教育平等和教育质量关系的问题上,进步主义教育者只考虑到教育平等,必定牺牲质量;而激进的新传统派则只顾质量,必定牺牲平等。平等与质量一直是美国人追求的两大目标。无论是进步主义,还是传统激进派,在这两者关系的处理上都无法求得平衡。但是面对传统力量的坚持和现实状况的要求,鱼与熊掌必须兼得。对平等和质量两者取其一的做法是不可取的。这时,以科南特为代表的温和传统派脱颖而出。他们既支持新传统派的基本观点,又批判性地继承进步主义的某些经验;既考虑到美国的历史传统,又顾及新时代提出的诉求。他们具有调和色彩的改革方案,不同于进步主义和激进传统派的极端意见,更加稳妥、合理。

科南特(James B. Conant)是美国著名的科学家、教育家。自1919年起,他到哈佛大学任教,担任化学系主任、校长三十多年,因此他对高等教育有着深刻的认识与理解。但科南特不仅关注高等教育,他还很重视高中教育。20世纪50年代,他受卡内基基金会资助,对美国的高中教育进行了广泛的调查和研究。因此,科南特发表了多份报告书,针对高中教育与高等教育提出了许多改进的具体建议。其中有关高中教育与高等教育衔接的建议如下:

第一,科南特提倡大力发展两年制学院以扩大高等教育入学机会。

20世纪中期,科南特在结束为期一年对美国中学问题的调查之后指出,中学正承受着来自学生家长的压力,因为家长都希望子女能升入大学,接受高等教育;所以无论学生的能力如何,这种压力都一直存在。中学忙于为学生寻找适合的高校,尤其为那些学业成绩低的学生寻找入学门槛低的院校令中学感到头疼。科南特认为,要解决这个问题,缓解中学的压力,需要重视两年制学院的建设。在科南特看来,对于学术精英(大概占高中生人数的10%)升入研究型大学或一流的人文学院是最佳选择,并且应该给予他们经济资助。但对于大部分高中毕业生,他们并不打算走专业学术之路,那么上大学并不是必然选择。而这一群体中的一些人仍然希望在中学毕业后继续学业,那么也要为这部分群体创造求学的机会。科南特建议,"初级学院两年制的课程对他们来说是个理想的选择"。[①] 在1948年发表的《分裂世界的教育》(*Education in a Divided World*)一文中,科南特将初级/社区学院视为满足中学后教育扩张需求的最佳途径。[②]

科南特认为本科教育规模的扩张会造成大学生就业状况的恶化,从而危及美国的社会稳定。因此,科南特建议不要过度扩张本科教育规模,而是大力发展研究生教育与初级学院,将本科教育向两端延伸,以满足工业社会对不同层次人才的需求,建立多层次、

[①] James B. Conant. The Mission of American Universities [J]. *Harvard Alumni Bulletin*, 1938(25):569-570.

[②] James B. Conant, Margenau H. Education in a Divided World[J]. *Physics Today*, 1948(1):27.

多类型高校,形成结构合理、竞争有序的高等教育体系。科南特积极拥护初级学院,因为他希望两年制社区学院能承担结合职业训练与培养完满生活的社会责任,为学生提供普通教育以及范围广泛的职业教育。两年制学院是步入教育机会均等的重要路径。

第二,科南特主张大学与中学紧密联系,提议高中教育与高等教育均需要开展通识教育。

科南特敏锐地察觉到了高中教育与高等教育之间缺乏密切的联系。

首先,文理学院和综合性大学与中学的关系不紧密。一方面,一段时间以来,学院或大学批评公立学校教学已经成为一种时髦;另一方面,其基于追求高深学问的传统目标而设置的课程与教师培训的需求相去甚远,除非这些大学或学院愿意改革原有的课程,否则无法进行教师培训。这样一来,它们与中学的联系愈发疏离。

其次,为公立学校教学输送人才的师范学院、教育学院和师范学校等受到多方的质疑和批评。

最后,中学方面认为学院没有抓住公立教育的本质,学院中人除了关心自己、批评别人,对其他事情没有兴趣。这种情形之下,大学与中学相互影响和相互学习的基础已然不存在,更谈不上接轨与合作了。

科南特也关注到高中毕业后就业和继续求学的人群之间也存在着隔阂。科南特认为,在某种程度上,高中主要致力于给予学生各种实用的、直接有效的训练,帮助大多数学生能够早日进入现实生活,但这使直接进入社会工作的学生和那些继续深造的学生之间产生鸿沟。这一鸿沟就可能导致误解和阶级区分。要跨越这一鸿沟,通识教育可以起到桥梁纽带的作用,是一个贯穿高中教育与高等教育的有机线索。科南特指出,通识教育就像一个大树的树干,高中、初级学院、大学或研究生院代表着不同学生的终结性教育阶段,就如同树干上的枝杈,高度不同。① 大学阶段的通识教育应当被看作是从中学阶段就开始的通识教育的更高水平的发展。在教育过程的不同阶段中,教育的价值和目标会保持一致。无论是在什么阶段结束正规教育,通识教育都能帮助学生进入社会,更好地适应生活;同时也能避免重复教育,保障教育上的顺畅衔接和整体性。

在科南特看来,通识教育关注了人类共同的价值、情感和思维方式,强调知识体系的复杂性和关联性;通识教育为人们提供了选择专业的基础和发展专业能力的环境;通识教育建立学科的综合性整体框架;通识教育致力于发展知识体系的广度和建立学科间的联系,以期整合个人的知识体系和服务于社会的不同人群。因此,通识教育的"通"不只是体现在知识结构上的贯通,也体现在受教育者的"普通"上。

从1943年1月到1945年6月,科南特召集了美国一批一流的学者每个星期聚集在一起开会讨论"通识教育"的问题,并在1945年发表了《自由社会的通识教育》(一般称"哈佛红皮书")。在这份两百页的报告中科南特提出建议,中学阶段通识教育应该占到8个学分,占一半的课程,贯通在四个学年中。其中,英语3个学分,科学和数学3个学分,社会科学2个学分。无论学生将来是否继续接受学院教育,这8个学分对于所有中学生都是最低标准。对于不继续接受学院教育的学生来讲,因为他们将要结束正式教育,建议在这三个领域中的每一个领域再增加一门课程;而对于将继续接受学院教育的学生来讲,继续学习这一个或多个领域中的更深知识也很有必要。②

第三,科南特建议联邦以拨款或助学的形式提高中学教育质

---

① James B. Conant. *General Education in a Free Society* [M]. Cambridge, Massachusetts: Harvard University Press, 1950:102.

② James B. Conant. *General Education in a Free Society* [M]. Cambridge, Massachusetts: Harvard University Press, 1950:100.

量,从而增加高等教育的入学机会。

科南特认为,高等教育应该是多元化、多层次的体系。对于天赋优异的高中生,他们可以进入四年制的文理学院或大学。而对于禀赋一般的高中生,他们可能无法进入普通的大学,但能进入初级学院或技术学院参加职业课程的学习和培训,这会让他们受益匪浅。总之,无论禀赋如何,能够让这些学生最大化地发挥才干才是社会的福祉。阻碍学生接受高等教育(学术或职业高等教育)的重要因素是缺乏升学途径、社会地位低下、缺少上大学的愿望等。其中,升学途径有限和社会地位低下与贫穷有着直接的关系。在《平民区与郊区评论大都市学校》一文中,科南特就认为,贫困是"社会的毒瘤",如不能改善这一现象,美国社会迟早会崩溃。还有一部分人群具有能力没有就读大学或学院,是因为他们缺乏愿望。他们中多数来自工人阶级家庭,而这些家庭没有就读学院的传统。通常情况下,学生们会接纳父母的期待或者周围环境的普遍趣味。在某种意义上早期消极的家庭和社会环境降低了他们继续进入大学求学的可能性。学生早期的社会环境与其家庭经济状况有关,当家庭经济条件改善,这些学生会产生较强的求学愿望,能力也会相应提升。[1] 因此,科南特支持联邦政府对高等教育进行资助,但他对当时联邦资助方式提出了自己的建议。

一方面,科南特不反对资助那些有能力但不能上学院或初级学院的学生,但他指出给这些学生发放奖学金,这仅仅是增加教育机会的一种方式,过分强调奖学金资助会导致人们过分重视专业教育,而无视宽广的教育,也会影响教育公平。科南特认为宽广的教育应当既尊重教育内容,也尊重受教育的人。在科南特看来,奖学金资助的方式的主要受益人群是高智商人群,而更多智商一般的人群仍然无法受益。

---

[1] James B. Conant. *General Education in a Free Society* [M]. Cambridge, Massachusetts: Harvard University Press, 1950: 89-90.

第四章　美国高中教育与高等教育衔接政策启动的多源流分析

另一方面,科南特指出,接受高等教育的机会与个人出生地有关。各州之间资源分配不均,在支持教育的能力上差异相当大,造成生均花费和教师平均工资非常不均衡。要缩小各州受教育机会的差异就需要联邦政府对那些较穷的州进行资助。但是,联邦政府并没有这么做,而是把这所有责任留给了各个州政府。

此外,科南特也关注着中学的教育质量。20世纪中期综合高中的教学质量大受指责,很多学者建议废除公立的综合高中。而科南特则认为综合高中之所以运转不利,主要原因在于对当地政府财政过于依赖,校方不愿意寻求州和联邦政府的经费支持。科南特指出,综合中学应该成为美国中学的范式,从而可以实现教育机会均等的目标。而综合中学现在没有真正发挥作用,是因为缺乏全国性的推广,更谈不上国家政策了。科南特建议各州和联邦政府对综合中学进行财政资助,从而实现美国教育机会均等。但是,由于学校管理者对联邦政府介入学校事务心存恐惧和戒心,所以科南特在提出该项建议时非常谨慎,尽量不去谈及经费的问题,而是反复强调各个州的师生比的差异问题。其结果是,他成功地游说了联邦政府,同时也让学校管理者对学校当时的状况感到异常的焦虑。①

二、总统教育问题研究小组和政府官员

(一)总统教育问题研究小组

1964年,约翰逊就任总统后,深知肯尼迪当政时所设立的教育问题研究小组因为其公开性强和规模大遭遇到了不少麻烦。因此,他吸取了前任的教训,成立了小规模、秘密的总统教育问题研究小组(Task Force),并任命加德纳(John W. Gardener)为教育问题研究小组主席。总统教育问题研究小组(Task Force)对获得

---

① Jurgen Herbst. *The Once and Future School* [M]. New York: Routledge, 1996: 188.

"国家优秀奖学金"资助的学生以及未进入大学的学生进行对比调查,结果发现,在这15万未完成高等教育的学生中,有一半学生的家庭教育预期贡献(Expected Family Contribution,简称EFC),即家庭的教育支付能力仅为300美金甚至更低。超过55%的女生以及超过75%的男生坦言,如果能有更多的经济收入,他们就可以踏入大学校门。该研究提出,如果政府实施了学生资助,就可保障那些"学有余力"但经济困难学生的中学后教育机会。此外,研究者还发现,即使一些经济并不困难的家庭,如果有两三个子女上学,他们家庭的经济负担也是很沉重的。所以,提供公平的教育机会,不仅是低收入家庭的需要,也是许多中等收入家庭的渴望,政府可以通过提供一些如"勤工助学"等项目,来资助经济状况不理想的家庭子女完成学业。该研究对1958年国防学生贷款项目也给予很高的评价,肯定了学生贷款的资助形式。研究表明,该项目资助了30多万名学生;如果没有该项目的支持,其中有近90%的学生将无法完成大学学业。

在加德纳的领导下,总统教育问题研究小组针对大学生升学问题提出了以下的建议:

(1)给予有能力,经济条件差的学生以资助。

(2)扩大工作—学习项目。

(3)支持和增加学生贷款,建议政府对所有的学生贷款进行担保,激励银行或其他信用机构以低息向学生发放贷款。

(4)反对学费的税收抵免和其他教育支出。

(5)根据学生的个人情况提供定制的打包财政资助以及奖学金项目。[1]

(二)政府官员

作为肯尼迪总统的继任者,约翰逊总统接过了肯尼迪总统的

---

[1] TG(Texas Guaranteed Student Loan Corporation). Opening the Doors to Higher Education:Perspectives on the Higher Education Act 40 Years Later[EB/OL]. https://www.tgslc.org/pdf/HEA_History.pdf,2016-2-19.

第四章 美国高中教育与高等教育衔接政策启动的多源流分析

教育改革大旗,致力于制定教育法案推动美国教育的发展。于是,他的下属官员为他出谋划策,提出了不少合理化的建议。针对高中教育与高等教育衔接的问题,他们的观点集中在是由于贫穷造成孩子丧失了继续接受高等教育的机会。因此,他们的提案大多与联邦政府的财政资助有关。

时任约翰逊总统时期参议院教育小组委员会主席和参议院教育法案监察人的梅恩·莫斯(Mayne Morse)坚信每个美国孩子都应被赋予受教育的权利,应最大化地发挥他们的才能。莫斯支持联邦政府对教育的财政资助。但与以往的资助提案不同的是他主张联邦政府实施以学生为中心的政策。莫斯所提出的方案回避了学校的基础设施建设等问题,而是关注来自贫困家庭的学生的需求(如为低收入地区的孩子提供资助)。也就是说,联邦政府不是为学校的建设提供财政支持,而是为资源匮乏的学生能够继续学业提供帮助,并且强调财政资助也面向私立天主教学校的经济困难学生。[1]

1964年12月,教育署长佛西思·科培尔(Francis Keppel)根据联邦教育署有关大学入学情况的调查资料,向白宫提交了教育问题报告,建议联邦对高校贫困学生进行助学金资助,当时所拟的法案为"特别教育资助法案"(Special Assistance Grants for Education),主要是建议联邦政府资助贫困的学生。除教育署以外,其他的一些行政部门,如劳工部、财政部等,也提出了向学生资助的立法建议。

---

[1] Robert Smith. *A Triumph of Statesmanship: Senator Wayne Morse Delivers Federal Aid for Education*[M]. Oregon: University of Oregon Eugene, 2011: 21.

第四节　政策之窗开启和多源流耦合

从以上分析来看,问题、政策和政治三股源流都已经发生了明显变化,然而三流是相对独自流淌的,并不会实现自动汇合,三流的汇合需要恰当的时机和政策行动者的推动。金登认为,一个问题会被提上议事日程是在特定时刻汇合在一起的问题源流、政策源流和政治源流共同作用的结果。这一汇合的时间点被定义为"政策之窗"(policy window)。"政策之窗"的开启意味着政策问题被识别,对策建议被吸纳,政策议程被启动,并且议程设置成功的可能性也大大提高。金登强调,"政策之窗"就是"提案支持者们推广其解决方法或让他们所处理的特殊问题引起别人重视的机会"[①],该机会是稍纵即逝的。"政策之窗"通常是由紧急问题或者是政治源流中的重大事件开启,其打开时间不会太长。因此,当"政策之窗"开启时,政策企业家(policy entrepreneurs)需要抓住机会立即开始行动,否则就会失去机会,只有再等下一次机会的到来。"政策之窗"开启的时间短暂,需要政策企业家把握时机对政策制定系统开展各种软化活动。在"政策之窗"开启之时,当政策企业家成功地将彼此独立存在的三大源流结合起来,该问题上升到政策议程的概率就会大大增加。总而言之,当偶然事件触发三股源流汇合,即三股源流目标一致,"政策之窗"的开启便水到渠成,在其开启的有限时间里,政策企业家需要抓住并利用此机会,将政策建议推上政策议程。政策制度的出台是"政策之窗"打开和政策企业家推动三源合流的结果。

在多源流模型中,"政策之窗"的开启是政策决策的关键环节,这表明某一社会问题和设想有成为政策议题的可能。"政策之窗"

---

① Kingdon Agendas. *Alternatives and Public Policies*[M]. London: Longman, 1995: 165.

第四章 美国高中教育与高等教育衔接政策启动的多源流分析

可能因政治源流发生变化而以政治之窗形式打开,也可能因问题源流出现转变而以问题之窗形式打开。其中"政策之窗"以政治之窗开启的情况居多,即政治源流中的变化影响政策议程。比如,政权更替、政治结构发生变动、社会不满情绪迸发或政治价值转向会使得核心决策层注意到那些社会问题而开启"政策之窗"。美国高中教育与高等教育衔接政策的出台与政权的更替直接相关。20世纪60年代初,肯尼迪在赢得竞选成为美国总统之后希望大力推进教育改革,他试图引入联邦教育援助,也尝试提出多项教育方案,但这些提案大多受阻于国会。1963年,肯尼迪总统在达拉斯不幸遇刺身亡。林登·B.约翰逊与运载肯尼迪遗体的飞机同机返回华盛顿后宣誓就职总统。约翰逊总统的教育背景与肯尼迪不同,他并非私立学院毕业,而是公立学校和州师范学院的毕业生,因此他对公立教育非常重视;他拥有着丰富的国会经历,知道如何在华盛顿运用政治权力实现目标。正是这一意外的联邦政府换届触发了"政策之窗"的开启。

在多源流的汇合阶段,政策企业家推动了源流的汇合。金登认为,政策企业家和商业企业家的共通之处在于他们都愿意投入时间、精力、声望甚至金钱去推动政策的议程以期有未来的回报。[①] 他们精于协商、游说,同时也知道如何进退和妥协。在金登看来,政策企业家需要具备以下特质:一是,代表其他人发声,有决断力或有专长;二是,有政治人脉或协商技巧;三是,能持之以恒,这也是最重要的特质,即愿意持续投入大量的资源实现目标。

美国高中教育与高等教育衔接的政策企业家既包括了身处政府部门内部的国家领导人和政府官员也包括了身处政府部门之外的特定政策利益集团或某研究机构的专业人员。但其中起主导作用的是约翰逊总统。肯尼迪总统所提交的教育法案大都未能成

---

① Kingdon Agendas. *Alternatives and Public Policies*[M]. London: Longman, 1995: 122.

功,究其原因在于他与国会之间的关系。肯尼迪始终无法融入国会内部,没有能够说服国会通过法案。而约翰逊总统由于其之前的国会经历,深知如何获得议员们的理解、认可和接纳。为此他付出了巨大的努力。当约翰逊总统想让法案通过的时候,他会采取一切策略推动议程,其策略包括眼泪、幽默、模仿或联合。约翰逊还会使用一些柔和的途径,例如,他邀请有关的国会成员到白宫看瓢虫,全程亲自陪同,并一起共进午餐;或是在海滨胜地,他邀上国会成员的家人一起度假;更戏剧性的是他甚至打电话给国会成员的妻子,告诉她们,她们的丈夫不肯帮忙。[1]

在20世纪60年代,学者和大众一致认为造成大学入学障碍的主要原因就是部分学生家庭经济困难。肯尼迪总统也意识到大量贫困青年由于经济原因被排斥在高等教育之外,因此他在国会咨文中多次提出要对教育进行财政援助。但很遗憾,法案还未通过,他便不幸遇难。他的继任者约翰逊总统继续努力这一政策路线,开始推行"伟大社会"的目标,约翰逊总统在1964年3月的国会特别咨文《向贫困宣战》中强调指出了教育在消除贫困斗争中的重要性。1964年8月,在约翰逊总统的大力推动下美国国会通过了《经济机会法》(*Economic Opportunity Act*),其中联邦政府为大学生提供了"勤工助学"(College Work Study)项目。对贫困家庭的青少年提供教育资助也是该法案的重要举措之一。"向上跃进"计划(Upward Bound)随之出台,旨在帮助家庭经济困难的高中生进入大学。它是美国真正意义上的以提升大学升学准备度为目标的项目。[2] 1965年,美国国会颁布了以教育机会平等理念为引导的《高等教育法》(*the Higher Education Act of 1965*),授权

---

[1] Maurice R. Berube. *American Presidents and Education*[M]. New York: Greenwood Press, 1991: 34.

[2] John Groutt. Milestones of TRIO History, Part I [EB/OL]. http://www.pellinstitute.org/downloads/trio_clearinghouse-Opportunity_Outlook_January_2003.pdf, 2014-12-5.

联邦政府对接受高等教育的贫困学生提供奖学金和低利息贷款。随着这项法案的颁布,另外两个大学准备项目,即"人才搜索"(the Talent Search)和"学生支持服务"(the Student Support Services)也开始启动。"人才搜索"计划是为6年级到12年级的学生及其家庭提供大学入学、经济资助和申请奖学金的信息。"学生支持服务"计划则不同于"向上跃进"和"人才搜索"计划,其服务对象的是已经进入大学的学生,为他们提供学业咨询以及指导从而提高学生的大学毕业率。"向上跃进""人才搜索""学生支持服务"三个项目合称为"三元计划"(TRIO program),是第一批由联邦政府资助的为降低高中生辍学率,提高大学入学准备的项目,这个项目的成功运行使很多因为经济或族裔背景被边缘化的学生有机会接受高等教育。这也标志着美国高中教育与高等教育衔接政策的出台。

本章小结

多源流理论作为一种政策分析视角对美国高中教育与高等教育衔接政策制定中的各种因素影响和议程推进的过程给予了充分的解释。研究发现:二战后美国工业飞速发展,贫富差距拉大,种族歧视矛盾开始激化造成黑人与少数族裔被排斥在高等教育之外;加上大学入学人数猛增,高校设施与师资无法满足学生需求;这些矛盾形成了高中教育与高等教育衔接政策制定的"问题源流"。执政党意识形态的连续性、强烈的国民情绪和教育公平的诉求以及利益集团的压力作用转化为充满动力的"政治源流"。政府及其幕僚机构、研究人员分别以国家顶层设计和专业研究报告共同创作出"政策源流"。肯尼迪总统意外遇刺催化了"政策之窗"的开启,这三股源流在政权更替的"政策之窗"耦合,美国高中教育与高等教育衔接政策由此出台。

第五章

渐进主义视角下的美国高中教育与高等教育衔接政策演化

美国是高度分权的国家,其政治结构具有抵制社会剧烈变革的特征。一方面体现在美国行政、立法和司法机关之间相互制衡,三权分立的对抗性突出,加之党派之争激烈,各州与联邦政府之间的分权制衡也十分明显。另一方面表现在多元利益群体对决策进程有巨大的影响力。而教育改革是一项艰巨的任务,不可能一蹴而就。因此美国的教育改革大都是在原有法律的基础上,因时而变、循序渐进、逐步修改并完善。从 20 世纪 60 年代开始,美国的教育立法变得频繁,每隔几年就有一项新的立法出台,前后法案密切关联,后一项法案往往是前一项内容的深化。在整个立法过程中,教育目标的实现是分阶段完成,并不是一步到位的,呈现出了一种渐进的发展模式。美国高中教育与高等教育衔接政策的变迁作为美国教育改革的一部分,经历了半个多世纪,从初创到改进,目前仍还在完善过程中。这个过程凸显了渐进主义理论的优势,即通过局部调适的方法使制定新政策所需投入的智量最小化,从而避免了决策过程中出现歧见难平导致矛盾激化情况的发生。美国的高中教育与高等教育的衔接由于涉及两个教育阶段,且不同阶段的目标存在差异,同时各州以及各地方没有建立统一的课程体系和标准,这就导致联邦政府在整合高中教育与高等教育教育体系上无法急于求成,只能走小而快的渐进之路。纵观美国高中教育与高等教育衔接的政策演进的历程,与高中教育与高等教育衔接问题相关教育立法的出台后,所制定的计划项目都在持续、稳定地推进和发展,高中教育与高等教育衔接政策随着原有的一些教育立法的授权或修正不断地进行着调整;而一些新的教育立法出台则从不同的方面去审视和解决高中教育与高等教育衔接的问题,这是政策不断得以完善和发展的过程。本书依据历史时间的脉络梳理了高中教育与高等教育衔接政策发展的三个阶段:20世纪60年代到70年代政策的确立,20世纪80年代到20世纪末政策的修补,21世纪初至今政策的调整与完善;并聚焦于三元计划、学院高中计划和双学分课程、技术准备计划、快速启动规划、美国竞争力计划到力争上游计划与《共同核心州立标准》这六个具有里程碑意义的项目进行深度剖析。通过分析,笔者发现每个阶段美国联邦政府所推出的这些项目并不会随着时间的推移而失效,而是在时间的长轴上持续发挥着作用,并不断地被修正以适应新的形势,体现出渐进式发展的脉络。

第一节 美国高中教育与高等教育衔接政策的确立（20世纪60年代至70年代）

一、《经济机会法》和《高等教育法》之"三元"计划（TRIO program）

1963年11月22日,肯尼迪总统被暗杀,副总统约翰逊匆匆宣誓继任。约翰逊"萧规曹随",继续推进肯尼迪政府的社会改革政策,并提出了"反贫困战争"。约翰逊总统还适时地利用民众对肯尼迪英年早逝的痛惜之情,促成国会迅速通过了涉及减税、医疗、教育、住房、环保等民生领域的数十项法案。"三元"（TRIO）计划是约翰逊总统提出的"反贫困战争"的组成部分,旨在帮助处境不利的学生为接受高等教育做好准备,并最终能够进入高等院校求学。这是美国高中教育与高等教育衔接政策初创的标志。

"三元"计划始于"向上跃进"(Upward Bound, UB)计划。1964年,联邦政府颁布《经济机会法》(*Economic Opportunity Act*),推行一些专门针对弱势学生群体的计划以解决美国贫困人口中的教育问题,其中就包括"向上跃进"计划。知名学者史丹利·萨利(Stanley Salett)与致力于教育改革的协会和人士共同设计了"向上跃进"计划。1965年的夏天,该计划在17所大学和学院开始实施,有2061名中学生参加,其中有1500名是1965年的高中毕业生。"向上跃进"计划成为第一个美国联邦政府针对中学升大学问题而设立的学生资助项目。由于1965年"向上跃进"计划的首个夏季项目取得了成功,于是随后1966年夏天,该计划的项目总数增加至218个,共为20 233名学生提供了资助。[①] 美国教育部经济机会办公室副主任(associate director of Department of Education Economic Opportunity Office)的史丹利·卡拉维兹(Stanley Kravitz)评价"向上跃进"计划是"为解决贫困问题提供了一个新的途径,因此该项目不会是一个短期的一次性的项目"。[②] 事实证明,这样的评价并不为过。在此后几十年间,"三元"计划项目持续增加,影响力也不断提升。1965年,"人才搜索"(Talent Search, TS)计划诞生,并被写入《高等教育法》之中。1968年《高等教育法》第一次再授权时,前身"后进学生特殊服务"(Special Services for Disadvantaged Students)计划更名为"学生支持服务"(Student Support Services Program)计划成为这一系列教育机会项目中的第三个项目。《高等教育法》的再授权旨在帮助低收入学生、第一代大学生、残疾学生等弱势群体学生接受和完成高等教育的这三个联邦政府的教育项目纳入统一计划,"三元"(TRIO)这个概念最终形成。同时,"三元"计划的管理权也从

---

① J. Groutt. Milestones of TRIO History, Part I[J]. *Opportunity Outlook*, 2003(1): 21-27.

② C. White, N. Sakiestewa, C. Shelley. TRIO: The Unwritten Legacy[J]. *The Journal of Negro Education*, 1998(41): 444-454.

经济机会办公室(Office of Economic Opportunity)转到了高等教育项目办公室(Office of Higher Education Programs)。1972年,联邦政府为了满足从越南战争战场返家的退伍军人受教育的需求创立了"退役军人向上跃进"(Veterans Upward Bound)计划。稍后的1972年、1976年、1986年和1990年,又有四个新的项目通过高等教育修正案授权,加盟"三元"计划,它们分别是"教育机会中心"(Educational Opportunity Center,1972年增设)、"三元项目教师和领导力培训"[the TRIO Staff and Leadership Training Authority (SLTA),1976年增设]、"Ronald E. McNair预科后成就"(the Ronald E. McNair Post-Baccalaureate Achievement Program,1986年增设)以及"数学—科学向上跃进"(Upward Bound Math-Science,1990年增设)。至此,原先的三个项目扩充形成了当前美国教育部TRIO八个系列项目。TRIO计划系列项目关注了弱势和边缘群体学生在中学至大学上升通路中的问题,为学生提供的服务内容非常广泛,包括提供英语、数学、科学等科目的学业辅导,帮助学生顺利完成中学和大学甚至更高学历的教育,协助学生申请助学金等各种经济资助,普及基本理财知识,以及提供与学术、生活和就业相关的各项服务。这八个系列项目的具体内容如下:

(一)"向上跃进"计划项目

"向上跃进"计划项目主要针对的是那些低收入家庭和有第一代大学生[①]背景且对升入大学未做好充分准备的9—12年级学生。按规定,参与该计划项目的学生必须完成至少八年的基础教育;申请该项目的学生中必须至少有三分之二满足两个条件,既来自贫困家庭又是家中第一个上大学的人;而其余三分之一的申请者只需满足这两个条件中的一个即可。"向上跃进"计划项目每四

---

① "第一代大学生"一般是指父母都没有受过高等教育的学生,也就是家中的首位大学生。

年申请一次，大学校园是该项目实施的主要场所，也会偶尔在其他社会服务机构或教育机构进行。大部分的"向上跃进"计划项目都会给参与的学生提供一个为期五到八周的暑期项目体验大学校园生活。该项目为符合条件的学生提供暑期补偿性辅导，提升他们的学业水平，增强他们大学升学的动机，从而增加他们入读大学的机会。

(二)"人才搜索"计划项目

和"向上跃进"计划类似，"人才搜索"计划也是主要针对低收入家庭和具有第一代大学生背景且有潜力完成大学学业的学生。根据规定，参与该计划项目的学生必须至少已经完成了五年的基础教育，而且参与该项目的总人数中也必须有不低于三分之二的学生是来自于贫困家庭并且将成为家庭中第一个上大学的人。此外，"人才搜索"计划项目还鼓励那些已辍学的高中生重回学校完成中学学业，并且能够继续升入大学。该项目通过为这些学生提供有关大学入学机会、奖学金、助学金以及入学程序等方面的咨询服务，帮助他们为进一步升入大学做好准备。该项目包括以下具体服务：提供学术、职业和财政方面的咨询服务，包括为学生进入或重新进入中学以及大学升学提供建议和帮助；提供职业探索(career exploration)和能力评估的机会；提供学业辅导；帮助学生了解大学校园生活；提供高等教育方面的相关信息；提供大学生资助方面的信息；协助学生完成大学入学以及助学金申请；帮助学生准备大学入学考试；提供导师指导计划；为6至8年级的学生安排特别活动；为学生的家长提供交流机会。

(三)"学生支持服务"计划项目

"学生支持服务"计划项目主要针对弱势大学生群体。根据规定，参与该计划项目的学生应该有三分之二以上为身心障碍学生(disabilities)或低收入家庭的第一代大学生。该计划项目为学生提供免费的辅导。学生根据自己的实际情况，提出对具体某一门或者几门课的辅导申请，每个学生都会有指定的协调员。等到排到某个学生的时候,他的协调员就会根据现有的辅导老师的情况和学生的要求,安排上课的时间和频率。辅导的内容以学生的需要为主,涉及的范围包括家庭作业、课堂笔记、课本知识、试卷论文、回顾以往试卷、考试准备、词汇量训练和实验准备等等。除了关心学生的需求,该计划还规定辅导老师要在接受工作之后半个月左右和期末考试之前,联系学生的任课老师,一般是以电子邮件的形式,告诉任课老师这个学生在接受"学生支持服务"计划项目的辅导,询问任课老师有什么具体的要求需要辅导老师来做的。该计划的目的就是希望能够帮助更多自身条件相对薄弱的学生,使他们能与那些家庭条件相对更好的学生一样,在同一条起跑线上竞争,在考试升学的时候不要掉队。此外,该计划还通过经费补助帮助合格的学生从两年制学院转读至四年制大学。

(四)"教育机会中心"计划项目

"教育机会中心"计划项目主要是针对19岁以上的成年人。该计划提供的服务与"人才搜索"计划类似:为欲进入高校或者回高校继续求学的成人提供高校招生与相关信息咨询服务;也为这些人员提供改善个人财务与经济状况的建议,商讨接受经济资助的选择方案,包括基本的费用规划与申请资助的手续等。该项目的目标就在于增加成人进入高校学习的机会。但与"人才搜索"计划不同的是,该计划为参与者提供的资助金额更大。

(五)"三元计划教师和领导力培训"计划项目

"三元项目教师和领导力培训"计划项目主要针对参与联邦"三元"计划的主管和工作人员。该计划通过会议、研讨会、实习或手册出版等形式对参与者进行培训,提高他们的工作技能和专业知识以保障"三元"计划各个项目的顺利实施,且提升其实施效果。培训的主题由教育部部长拟定,并交由联邦公报发布通知。

(六)"Ronald E. McNair 预科后成就"计划项目

"Ronald E. McNair 预科后成就"计划项目针对来自弱势背景,但表现出雄厚的学术潜力的人群。根据规定,该计划的实施对象应有三分之二以上为低收入家庭且具有第一代大学生背景者,同时规定每人每年补助不得超过2 800美元。这是竞争性的拨款,通过经费补助提供学士后研究、实习及学业辅导等活动,用于帮助合格的参与者能够进入设有博士点的高等教育机构。高校鼓励这些人员参加研究生课程,促进他们个人的学术发展,希望他们能够获得高级学位。总之,"Ronald E. McNair预科后成就"计划的目标是增加这些有学术潜力的学生获得博士学位的可能性。

(七)"数学—科学向上跃进"计划项目

"数学—科学向上跃进"计划项目是特别针对弱势学生群体通常最薄弱的科目,即数学和科学而设立的。其目的是提高学生的数学和科学技能,帮助学生发掘自己在数学和科学方面的优秀潜力,鼓励他们在大学阶段更深入地学习数学和科学,并在大学毕业后选择从事数学与科学类专业的就业方向。

(八)"退役军人向上跃进"计划项目

"退役军人向上跃进"计划项目主要是针对退役军人。该计划旨在激励和帮助退役军人做好高等教育所需要的学术和技能准备,为他们提供核心学科领域的学术指导以及相关咨询和指导,帮助他们进入大学并顺利完成大学的学业任务。

可见在几十年间,"三元"计划不断新增项目,从最初的三足鼎立到目前的八个项目,它的发展体现了渐进主义的思想脉络。事实证明,"三元"计划的确提高了弱势群体学生的大学升学率,是联邦政府立法支持的促进高中教育与高等教育良好衔接的有效策略。

二、卡内基协会《衔接与不衔接》报告与学院高中计划和双学分课程

高中教育与高等教育衔接是个复杂的问题,而"三元"计划并不是一个"一揽子"计划,高中教育与高等教育的衔接不畅问题依然存在。因此,到20世纪60年代末,美国教育界开始对高中教育与高等教育衔接情况进行调查,寻求其他有效的解决方案。1971年,一次关于高中教育与高等教育课程衔接的调查在全美展开,主要关注学院一、二年级和中学最后两年英文、科学、社会学、数学四门课程的重复情况。调查选取了全国教师教育机构认证委员会(National Council for Accreditation of Teacher Education)1967—1968年度学院名单上的60%的高等院校,即269所大学和学院作为样本。分别派665名高中11年级和12年级的教师去考察大学一、二学年的课程大纲,派400名大学教师去考察高中最后两年的课程。调查结果显示,高中教师认为有近三分之一的大学课程是高中课程内容的重复;而大学教师反映的结果也类似。该项调查对课程的重复程度进行了排名:其中社会学课程的重复率最高,其次是英文,再则是科学,最后是数学。[①] 高中与大学课程内容有大量的重合之处,这就意味着人力、物力、财力和时间的浪费。

1973年,卡内基协会(Carnegie Commission)发表的名为《衔接与不衔接》(*Continuity and Discontinuity*)的报告就是其中重要的研究成果。报告中分析总结了高中教育与高等教育衔接上的三大障碍:

一是,在大学招生过程中学生和院校的兴趣点和关注点不一致。

二是,高中与大学课程衔接不畅。

三是,高中教育与高等教育政治和财政关系疏离。

报告主要的落脚点在于高中与大学课程重复的问题。[②] 报告

[①] B. E. Blanchard. *Curriculum Articulation Between the College of Liberal Arts and the Secondary School. A National Survey* [M]. Chicago, IL: School of Education, DePaul University. 1971: 8 – 19.

[②] Carnegie Commission on Higher Education. *Continuity-Discontinuity: Higher Education and the Schools* [M]. New York: McGraw-Hill Book Company, 1971: 2.

指出,要解决这一衔接问题,美国的高等教育亟须进行结构性的变革,并提议从以下 5 方面入手以增强高中教育与高等教育的衔接:

(1) 增加公平的教育机会。

(2) 建设不重复的课程。

(3) 取得公众的认可。

(4) 最大化地使用财政资源。

(5) 增加对教育的资助。[1]

具体的建议包括:高中或大学学制减少一年,设立三年学制的大学本科项目,在高中阶段授予学生大学学分以及创建中级学院高中(Middle college)等建设性的意见。其中,在高中阶段授予大学学分与创建学院高中这两项建议最终得以实施,成为衔接高中教育与高等教育的有效策略,美国各州纷纷立法进行推广。

(一) 中级学院高中计划(Middle College)

1971 年 3 月,纽约拉瓜迪亚社区学院(LaGuardia Community College)提出了"中级学院高中计划"(Middle college)的概念。这一计划主要是针对以下几个问题:一是大量高中生中途辍学;二是很多高中毕业生在无门槛招生政策下进入大学,但他们能力不够,无法适应大学课程的学习;三是很多高中毕业的年轻人并没有为下一步进入社会求职谋生做好准备。该计划的目的是在课程内容及教学方法上做出调整以促进高中和大学教育有效的衔接,具体来说旨在降低高中生的辍学率,提高高中毕业后的大学升学率和大学期间的学生保留率。1972 年 9 月,这个计划获得卡内基基金会的资助立项成功。于是,在接下来两年间,在负责设计这个计划的心理学教授珍妮特·利伯曼(Janet Lieberman)、拉瓜迪亚社区学院校长约瑟夫·沈柯(Joseph Shenker)以及他的同事们的共同

---

[1] Carnegie Commission on Higher Education. *Continuity-Discontinuity: Higher Education and the Schools* [M]. New York: McGraw-Hill Book Company, 1971: 81.

努力下,拉瓜迪亚社区学院在1974年开始实施该项计划。

该计划中的课程通常实行小班授课,教师考虑到不同学生的学习进度和学业能力可以为学生提供个性化的辅导。申请该计划的学生需要符合以下条件:完成了九年级的学习,缺乏学习兴趣或职业目标,在家长的支持下愿意参加计划,在当前就读学校成绩不佳或对成绩不满意。一旦申请者被允许参与该课程的学习,他们就同时拥有了双重身份,即高中生和大学生。他们既可以选择水平和自己年级相当的课程,也可以根据自身的兴趣和能力决定所要选修的课程。课程选择的范围是大学为他们提供的从物理学到心理学等多个领域的课程。课程学习结束,他们需要参加大学组织的课程测验合格才可获得相应的学分。

该计划有以下3个主要特色:

(1) 补救教育。

提高学生的写作、阅读和数学能力,改善他们的学习习惯,让他们为大学升学做好准备;同时通过提升自身学习能力也可以拓宽今后就业的选择面。

(2) 跨学科的课程结构设计。

学生被分入六个课程组:艺术、人文、环境控制、交通、健康与服务和商业。每个课程组的目标是为学生提供某个职业领域的跨学科性质的课程,课程内容整合了社会学、数学、科学以及语言技能的训练。在五年期的项目里,学生可以至少接触三个不同的职业领域的课程。

(3) 实习。

所有参与该计划的学生每年需要完成近一个学期的实习服务工作,在实习工作期间学生还需要参加每周一次的研讨会进行交流。

该计划自提出之日起便引起教育界关注和支持。1973年,卡内基协会发表的《衔接与不衔接》报告中就高度肯定了拉瓜迪亚社区学院的"中级学院高中"计划,认为该计划可以加强高中教育与高等教育的合作,是一个解决高中和大学课程重复问题的良方。①博耶更盛赞,"中级学院高中"计划是一笔国家财富,应该在全国范围内推广。②

20世纪80年代中期,拉瓜迪亚社区学院的"中级学院高中"计划项目逐渐成熟。1985年,纽约州议会投票通过了为复制推广"中级学院高中"计划模式提出的财政经费的申请。纽约州政府的财政支持激发了珍妮特·利伯曼将拉瓜迪亚社区学院的"中级学院高中"计划模式向全国推广的决心。1986年,她获得了福特基金会的第一笔经费资助,最终促成了在七个地区"中级学院高中"计划的实施。到20世纪90年代末,该计划又陆续在二十个地区开展实施。③ 1993年,在德威特·华莱士读者文摘基金(DeWitt Wallace Readers Digest Fund)和皮尤慈善信托基金(Pew Charitable Trusts)的财政支持下,实施"中级学院高中"计划的学校联合起来组成了中级学院高中课程国家联盟(Middle College National Consortium,简称MCNC联盟)。该联盟的使命是为其会员学校提供专业的发展规划,并在具体实施设计原则方面为这些会员学校提供指导,从而帮助成员学校获得积极显著的教育成果。

进入21世纪,"中级学院高中课程"计划获得了进一步的发展。2002年,MCNC联盟在比尔和梅林达·盖茨基金会(Bill & Melinda Gates Foundation)、凯洛格基金会(W. K. Kellogg Foundation)、纽约卡内基公司(Carnegie Corporation of New

---

① Carnegie Commission on Higher Education. *Continuity-Discontinuity: Higher Education and the Schools*[M]. New York: McGraw-Hill Book Company, 1971: 80.

② Harold S. Wechsler. *Access to Success in the Urban High School: The Middle College Movement*[M]. New York: Teachers' College Press, 2001: 94.

③ Harold S. Wechsler. *Access to Success in the Urban High School: The Middle College Movement*[M]. New York: Teachers' College Press, 2001: 94.

York)以及福特基金会(Ford Foundation)等组织的资金支持下启动了一项新计划——"早期学院高中"计划(Early College High School Program)。这项计划是"中级学院高中课程"计划的延伸与拓展,其要求更严格,目标更明确。如果说"中级学院高中课程"计划主要是在大学校园为高中生提供一个体验大学课程的机会,那么"早期学院高中课程"计划则强调所有参与计划的高中生必须能够取得副学士学位或是获得足够转入四年制大学的学分。

到 2008 年,已有包括加利福尼亚州、科罗拉多州、北卡罗来纳州、宾夕法尼亚州、田纳西州和得克萨斯州等七个州对"中级学院高中"或"早期学院高中"计划的管理出台了明确的政策,这不包括有些州将"中级学院高中"或"早期学院高中"计划的管理置于双学分或特许学校政策之下。其中六个州将"中级学院"或"早期学院"与传统高中一视同仁,在经费资助上实现无差别拨款。2016 年,美国已有 28 个州推行了"早期学院高中课程"计划,参与计划的学生达到 75 000 人。

(二)双学分课程

卡内基协会发表的《衔接与不衔接》的报告中的有关高中与大学学分衔接的建议在 20 世纪 70 年代末期转化为由州、大学、学区共同参与的一种新的课程模式,即双学分课程(Dual Enrollment 或 Concurrent Enrollment)。该课程是以学分为基础的衔接课程,鼓励学生在高中学校时就可参加修习大学课程,以提高学术追求。高中生在高中、社区学院或是大学修习大学阶段所要求的课程,只要完成课程学业并通过考试合格,便可以获得高中和大学课程的双重学分,升入大学后可以免修相关课程。[1] 这也是继 AP 课程之后又一项高中教育与高等教育课程衔接的教育实践尝试。

---

[1] Laura Hébert. A Comparison of Learning Outcomes for Dual-Enrollment Mathematics Students Taught by High School Teachers Versus College Faculty[J]. *Community College Review*, 2001 (3): 22-38.

最早的双学分项目是1973年纽约州雪城大学的进步方案（Syracuse University Project Advance，简称 SUPA）。它是由纽约州的雪城大学发起，为该学区7所高中已完成毕业要求的11年级学生提供大学水平的课程。雪城大学与当地的高中合作将原本一个学期完成的大学课程（生物、微积分、化学、英语、社会学、心理学和计算机）调整成两个学期为跨度的双学分课程。这些双学分课程的授课教师是当地的高中教师，但这些教师需要接受雪城大学的一个暑期培训才能上岗。在项目实施的第一年便有来自120所高中的近4000名学生参加了该项目，于是该项目以招收学生人数众多而迅速闻名全美。[1] 雪城大学进步方案成为双学分项目的典范，双学分项目在全美逐步推广开来。在项目实施的早期，与AP课程一样，双学分课程也是主要面向学业成绩优异的学生。但随着时间的推移，AP课程仍是以追求卓越为其课程取向，因此往往仅仅满足少数高收入家庭中的高学业成就者的需求；而双学分课程的教育对象不再仅仅局限于部分"卓越"者，开始关照弱势学生群体，这使其迅速成为一个推向全国的中学和大学衔接策略。[2]

2013年，美国教育部教育统计中心（NCES）发布的《高中后机构高中—大学双学分课程（2010—2011学年度）》(*Dual Enrollment of High School Students at Postsecondary Institutions*:2010—2011) 和《美国公立高中双学分及考试课程（2010—2011学年度）》(*Dual Credit and Exam-Based Courses in U.S. Public High Schools*: 2010—2011)两份报告显示：2010—

---

[1] Susan E. Elliott-Johns, Daniel H. Jarvis(ed.)*Perspectives on Transitions in Schooling and Instructional Practice* [M]. Toronto: University of Toronto Press, 2013: 417.

[2] Barbara F. Tobolowsky, Taryn Ozuna Allen. *On the Fast Track: Understanding the Opportunities and Challenges of Dual Credit* [M]. San Francisco: Jossey-Bass, 2016: 21.

2011年度，美国有98％的公立两年制学院、84％的公立四年制学院、49％的私立四年制学院、10％的私立两年制学院以及82％的公立高中开设了高中—大学双学分课程，选修的学生人数近1 300 000名。[1] 4％的高等院校(包括所有公立和私立的大学/学院)为存在学业失败危险的高中学生(high school students at risk of educational failure)专门开设了双学分课程，招收的学生约有22 100人。[2] 美国州一级政府非常重视双学分课程计划，大部分州都以立法形式来管理或资助该计划。2016年美国教育委员会(Education Commission of the States)对全美50个州双学分课程计划政策开展和实施的情况进行了调查，调查结果显示：47个州都出台了管理全州双学分课程的政策。[3] 30个州为双学分课程的学生和传统高中生提供同等额度的经济资助。而西弗吉尼亚州则为双学分课程的学生提供的资助金额更高。[4] 美国联邦政府虽然没有对双学分课程的推广进行立法，不过联邦政府已经对实施该计划的地方或州进行财政支持。近年来，联邦政府更是对参加双学分课程的学生进行直接资助。2015年10月30日，美国教育部宣布已将佩尔助学金[5]的一部分款项用于资助选修双学分课程的低收入家庭的学生，这是高中生通过获得联邦政府的助学金选修

---

[1] NCES. Dual Enrollment of High School Students at Postsecondary Institutions:2010－2011[EB/OL]. https://nces.ed.gov/pubs2013/2013002.pdf，2016－1－1.

[2] NCES. Dual Credit and Exam-Based Courses in U. S. Public High Schools:2010－2011[EB/OL]. https://nces.ed.gov/pubs2013/2013001.pdf，2016－1－1.

[3] Education Commission of the States. 50-State Comparison Dual Enrollment:Statewide Policy in Place[EB/OL] http://ecs.force.com/mbdata/MBQuestRTL? Rep＝DE1510，2016－2－6.

[4] Education Commission of the States. 50-State Comparison Dual Enrollment:How States Funds Participating High Schools [EB/OL]. http://ecs.force.com/mbdata/MBQuestRTL? Rep＝DE1501，2016－2－6.

[5] 佩尔助学金(Federal Pell Grants)是由美国联邦政府出资，帮助合格的高等院校注册上学的贫困学生在学校开销方面提供财务支援，是无须偿还的助学金。

大学课程的开端。①

在卡内基协会发表《衔接与不衔接》报告之后的若干年间,"中级学院高中课程"计划和"双学分课程"模式均获得成功。之后逐步根据社会现实需要进行调整和修正,中级学院补充拓展成早期学院,双学分课程的教育对象从少数高学业成就的学生转变成大众学生群体的学生其中包括了弱势学生群体。这些调整和转变使这两项计划成为实现提升大学生升学率、成功率和就业率的有效策略。近年来更是获得了美国联邦政府的认可和支持。2009年联邦教育部正式公布的"学校改进资助计划一号条款"(Title 1 School Improvement Grants)项目以及"投资创新基金"(Investing in Innovation)中都将"早期学院"和"双学分课程"作为典型模式建议各州和各地区采纳实施。2009年国会通过的《毕业承诺法案》(the Graduation Promise Act)和《大学快速通道法案》(the Fast Track to College Act)都对"早期学院高中"计划的设计表示支持,并且盛赞联邦政府的先修课程考试经费补贴项目(Advanced Placement Test Fee Incentive programs)的实施效果。此外,在联邦教育部"力争上游"计划提案第一轮讨论过程中,至少16个州对推广"早期学院"计划和"双学分"制度表示支持。② 2010—2011年,"双学分课程"计划为全美1 400 000名高中生提供了超过2 000 000门大学学分课程。至少12个州开展了大量对于双学分课程与大学准备度以及大学成功率的相关性研究,结果表明了"双学分课程"对于学生完成高中教育与高等教育的课程衔

---

① Anon. Department of Education Launches Experiment to Provide Federal Pell Grant Funds to High School Students Taking College Courses for Credit[EB/OL]. http://www.ed.gov/news/pressreleases/ fact-sheet-department-education-launches-experiment-provide-federal-pell-grant-funds-high-school-students-taking-college-courses-credit,2016-3-8.

② Nancy Hoffman, Joel Vargas. A Policymaker's Guide to Early College Designs [EB/OL]. http://files.eric.ed.gov/fulltext/ED520109.pdf,2016-2-16.

接非常有益。这些研究成果成为将"双学分课程"和"早期学院"作为提高大学与职业生涯准备度的有效手段的有力依据。在联邦政府对《不让一个孩子掉队法》进行修订过程中,美国双学分委员(NACEP)联合了促进未来工作机会(Jobs for the Future),知识的作用基金会(Knowledge Works Foundation),巴德学院(Bard College),ACT 和美国卓越教育联盟(the Alliance for Excellent Education)对国会议员进行游说。最终在 2015 年奥巴马政府通过的《让每个学生都成功法》中,联邦政府第一次对"双学分课程"和"早期学院"进行了界定,并宣布拨款 20 000 000 美金以帮助更多的低收入家庭的学生参与已有的成功的"双学分课程"项目。[1]

第二节 美国高中教育与高等教育衔接政策的修补(20 世纪 80 年代至 20 世纪末)

一、《卡尔·D. 帕金斯职业与应用技术法案》与"技术准备计划"

进入 20 世纪 80 年代,美国由工业化社会向信息化社会发展,工业生产从以劳动密集型为主逐渐转向以知识密集型为主。具备较为扎实的基础学术能力的劳动者不仅更容易适应新的工作、获得雇主的认可,而且他们的学术基础为其进一步接受教育或在职培训提供了较大的可能性。提高教育质量,培养高素质的劳动力成为当时美国社会的迫切要求。

1981 年 8 月 26 日,在里根总统的授意下美国教育部长贝尔(Terrel H. Bell)成立了国家教育优异委员会(the National Commission on Excellence in Education),由该委员会对美国的教

---

[1] Adam Lowe. New Federal Education Law Encourages Growth in Dual and Concurrent Enrollment Programs [EB/OL]. http://www.nacep.org/essa-encourages-dual-and-concurrent-enrollment/, 2016 - 2 - 22.

育质量做了全面的调查。1983年4月,该委员会发表了《国家处在危机中:教育改革势在必行》(*A Nation at Risk: The Importance for Educational Reform*)的报告。报告指出,美国往日在商业、工业、科学和技术创新方面曾遥遥领先,但现在正受到来自全世界竞争者的挑战,但是美国教育被越来越严重的成绩平庸所困扰,教育质量不断下降。美国教育因不能有效地促进学生发展以及无法培养创新人才而使国家处于危机之中。报告中提到美国高中教育与高等教育的衔接状况令人担忧:美国17岁的年轻人中有大约13%是功能性文盲(functionally illiterate),少数族裔群体中功能性文盲的比例则高达40%;大学需要给学生开设越来越多的补救课程(remedial courses),在1975年和1980年间,公立四年制大学开设的数学补救课的数量增加了72%;社会发展催生了很多新型工作岗位,这些岗位需要有高层次技能的工人,但美国教育体系并没有加强学术和职业方面的教育,因此越来越多的年轻人从高中毕业便面临着失业或无法继续求学的窘境。① 报告充分肯定了高中教育与高等教育衔接项目对于全面提高高中教育质量的有效性,建议立即采取行动,重建学习体系,全面提高教育质量。

20世纪80年代也是新职业主义思潮兴起的时期,建立在后现代主义、批评教育理论和实用主义哲学基础上的新职业主义取代了社会效率职业教育观。新职业主义强调个体宽泛的职业准备而不是特定岗位技能的训练,主张通过整合学术课程与职业课程来实现个体在广泛职业领域中核心能力或通用学术能力的培养。进入20世纪90年代,美国经济持续增长,总体失业率保持在相对较低的水平,而青年的失业率却一直居高不下。② 这一现象引起

---

① U.S. Department of Education. A Nation at Risk[EB/OL]. https://www2.ed.gov/pubs/NatAtRisk/risk.html, 2016-1-20.

② 王璞,李玲玲. 技术准备计划:美国衔接中学与中学后教育的策略[J]. 比较教育研究,2012(6):62-66.

第五章　渐进主义视角下的美国高中教育与高等教育衔接政策演化

了全社会的广泛关注。有学者指出,"尽管美国给中学毕业生提供了世界上最好的高等教育体系,并且提供了明确进入这一体系的规则,但它却同时提供了最缺乏组织和长远系统思考的劳动力市场准入体系"①。公众普遍对中学教育不满,认为中学阶段的学习并未让学生为中学后教育和职业生涯做好准备,从而导致学生的学习动机低下,学生辍学数量多,流失率高。② 由于社会环境转变引发了工作世界的技能要求的改变以及随之而来的哲学范式的变化,学术与职业课程的整合成为美国政府新一轮教育改革中的重要议题。"技术准备计划"(Tech Prep)作为美国联邦政府整合职业教育与学术教育、高中教育与中等后教育的一套教育发展方针,随着1990年《卡尔·D. 帕金斯职业与应用技术法案》(*Carl D. Perkins Vocational and Applied Technology Act*)的颁布而被正式推出。"技术准备计划"为那些没有能力或者没有意愿升入大学学习的学生提供高层次的数学、科学、交流和技术教育,从而实现学术能力和职业技能的综合发展,为学生升学与就业做好准备。这项政策使中学教育与中学后教育的衔接策略上兼顾了大学升学与职业准备的双重目标。

"技术准备"这一想法是由美国社区及初级学院协会前主任戴尔·帕内尔(Dale Parnell)在《被忽略了的大多数》(*The Neglected Majority*)一书中提出的。帕内尔将中学生分为四个"四分之一"。前"四分之一"称为"高校绑定组",即学习成绩特别优异且已经充分做好大学深造准备的学生群体;后"四分之一"称为"问题严重组",即不论在教育、社会及经济方面都存在严重问题的学生群体。这两个组都受到了特别的关照,得到了政策性的支

---

① Rosenbaum, J. E. Preconditions for Effective School-Work Linkages in the Unite States[M]. *International Perspective on the School-to-Work Transition*. New Jersey: Hampton Press. 1999:503.

② 石伟平. STW:世纪之交美国职业教育改革与发展策略的抉择[J]. 全球教育展望,2001(6):71-76.

持,即指导或财政资助。而处于中间地带的另外两个"四分之一"群体则被称为"被忽视的大多数"。这部分学生群体在高中毕业时无论是面对大学升学或求职都没有优势,往往被四年制的大学或学院拒之门外。因此,帕内尔认为美国教育体系应该重视这些中间地带的学生。美国教育的意义也在于挖掘这部分学生的潜能,使他们能充分施展才华。在帕内尔看来,美国教育存在着很大的问题:其一,实行的通识教育没有任何聚焦点,就如同在学校里进行的自带餐食的聚会,这是造成高辍学率的一个重要原因;其二,中学阶段的12年级对很多学生来说就意味着被放弃的一年;其三,社区学院和高中之间缺乏紧密的联系,造成职业教育的效率低和质量差。要解决这些问题,满足"被忽视的大多数"学生的教育需求,需要加强中学与社区学院之间的合作和对话,从而成就卓越的学生。帕内尔建议高中生在大学之前进行分流,并进行技术准备。具体的实施方案是高中与社区学院"2+2"的合作模式,即11年级学生自主选择进入该计划,选修中学后教育前两年水平的职业技术课程,中学毕业之后,再正式进入两年制学院继续学习相关课程,最终获得副学士学位。帕内尔强调"技术准备计划"的项目需要具备以下特质:① "以学生为中心"的课程;② 有系统性和实质性的内容;③ 项目有内在连贯性;④ 所学的内容与社会需求相关;⑤ 让学生认识到学习的延续性;⑥ 为学生提供多样化的选择;⑦ 帮助学生树立终生学习的意识。[①] 帕内尔的"技术准备计划"提出之后不仅引起美国社会的广泛关注还得到了联邦政府的认可。

1990年国会修订通过的第二版《卡尔·D.帕金斯职业与应用技术法案》,简称《帕金斯法》(*Carl D. Perkins Vocational and*

---

① George B. Vaughan. An Essay Review: Dale Parnell's the Neglected Majority [EB/OL]. http://journals.sagepub.com/doi/pdf/10.1177/009155218501300301, 2016-4-11.

第五章　渐进主义视角下的美国高中教育与高等教育衔接政策演化

Applied Technology Act)中专列了《技术准备教育法》(*Tech Prep Education Act*),以法律形式将"技术准备"教育确定为美国政府推行的一个职业教育计划,被置于所有同类计划之首。联邦政府并为此拨出专款,希望通过"技术准备计划",为那些不能或者不愿意升入大学学习的学生提供高层次的学术与技术教育,从而实现学术能力和职业技能的共同发展。"技术准备计划"既不是一类课程,也不是一种学校,它是美国联邦政府为发展经济而设计的一套宏观的职业教育发展指导方针,各州和地方教育部门需要在这一方针的指导下,开发适合自己的实施方案。在第二版《帕金斯法》中联邦政府对各地方开展"技术准备计划"项目提出了基本的要求:采取"2+2"模式;中学与中学后教育机构相互签订实施"技术准备计划"的协议;为学生选课和职业生涯目标的选定提供咨询和指导。1991年,联邦政府为"技术准备计划"拨款 63 000 000 美元,1992年则增加到 90 000 000 美元。1991 至 1997 年,联邦政府对"技术准备计划"的总资助金额超过了 568 000 000 美金。1998年,美国科技数学政策研究所(Mathematica Policy Research)对"技术准备计划"在全国范围内的实施情况进行了调查,研究报告数据显示:所有参加"技术准备计划"的学生中有 58% 继续接受高等教育;在继续求学的学生中有 55% 升入社区学院,36% 进入四年制学院,还有 9% 参与其他项目。[①] 报告指出,尽管相对于"被忽视的大多数",这个比例并不惊人,看似平庸,但究其原因是很多"技术准备计划"项目并未能系统化地开展,参加项目的学生只是选修了项目中的一两门课而已,这就导致最终的统计数据不太乐观。但整体上来说,参加"技术准备计划"的学生人数每年都大幅度地增加,这是个利好消息。

[①] Alan M. Hershey, Marsha K. Silverberg, Tom Owens, Lara K. Hulsey. Focus for the Future: The Final Report of the National Tech-Prep Evaluation[EB/OL]. http://www.mathematica-mpr.com/~/media/publications/PDFs/Tech.pdf, 2016-2-20.

1998年，国会对《帕金斯法》再次进行修订，决定对"技术准备计划"再提供六年的资助。第三版《帕金斯法》对"技术准备计划"做出了调整，扩展了其合作对象，即与高中签订衔接协议的中学后教育机构不再限于两年制学院，范围拓宽至四年制大学或学院；也对"技术准备计划"提出了新的要求：针对劳动力匮乏的职业方向提供相应的教育和培训，同时也要能够帮助学生获得高学术成就和职业技能。

2006年，《帕金斯法》第四版颁布，规定"生涯和技术教育"彻底取代"职业教育"，这提升了职业教育层次并强调职业课程和学术课程的整合，促进了中等职业课程与中学后职业课程的有效衔接。其中将"技术准备计划"列为专章，再次对该计划进行修正和调整。首先，强化技术准备教育方案与各州所推动的生涯及技术教育之间的合作关系，即各州在推动"技术准备计划"时，得与州所推动之其他生涯及技术教育计划合并或部分合并。如有合并计划时，则"技术准备"项目的资助经费就从州基本资助经费项下开支。此外，强调了绩效（accountability）的重要性。针对"技术准备计划"列出了以下成就表现指标：① 在高中教育阶段和中等后教育阶段参与技术教育的学生人数；② 参与高中教育阶段的技术准备计划学生进入中等后教育阶段学习的注册率，中等后教育阶段所选专业与原学习领域相同的比例，获得州或产业认可的证书的比例，完成中等后教育阶段的学分数，以及为进入中等后教育阶段学习而进行的数学、写作或阅读补救课程数量；③ 参与中等后教育阶段"技术准备计划"的学生，其在毕业一年内在与所学专业相关领域内就业的比例，获得州或产业认可的证书的比例，在规定时间内完成两年制学位课程的比例，以及在规定时间内完成学士学位

第五章 渐进主义视角下的美国高中教育与高等教育衔接政策演化

的比例。[①] 要求根据这些指标对"技术准备计划"项目的绩效进行追踪和考评。

"技术准备计划"作为一项高中教育与高等教育的衔接政策具有特殊的意义,它以学术教育与职业教育相结合为基础,将中学与两年制学院、四年制大学或学院进行有机衔接,减少中等职业教育与中等后职业教育之间的课程重复,提高教育效率,同时也是为了满足技术水平提高导致的中等职业教育向高层次延伸的需要。这项计划在1990年作为联邦政策出台之后,也历经了数次的修正和调整,沿着渐进主义的改革模式发展至今。

二、《1998年高等教育法修正案》与"快速启动规划"

20世纪80年代里根入主白宫后,共和党政府推行了一系列新政策,为富人减税,削减和侵蚀社会福利,打击和瓦解工会,结果导致美国贫富差距急剧扩大。贫困人口总数和贫困人口比例在1983年创下自20世纪70年代以来的新高,贫困人口数高达35 200 000,贫困人口比例达到15.2%。到20世纪80年代末,贫困发生率有所回落。但进入90年代,美国人口贫困率呈现回升的趋势。1991年,美国统计局发布的《1990年美国贫困状况调查报告》显示:1989年,贫困线下人口率为12.8%,而1990年则增加到13.5%。[②] 同时,贫富差距也呈增长之势。1970年的贫富差距为10.6倍,1993年扩大为13.4倍。[③] 而且更糟糕的是,从20世纪70年代到90年代初,儿童贫困发生率持续上升。贫穷问题再次引起关注,而教育界则更关心由于经济状况差导致的教育机会缺

---

① U.S. Department of Education. Carl D. Perkins Career and Technical Education Act of 2006[EB/OL]. http://www.ed.gov/policy/sectech/leg/perkins/index.html#memo, 2016-1-8.

② U.S. Bureau of the Census. Poverty in the United States: 1990[M]. Washington, D.C.: U.S. Government Printing Office, 1991: 1.

③ 胡曙光. 对美国贫富差距的思考[J]. 高校理论战线, 1998(3):45.

公平与卓越的博弈

失的问题。

在这一背景下,1992年,联邦政府通过了"全国早期干预奖学金项目"(National Early Intervention Scholarship Programs,简称NEISP)。该项目也被写进了《1992年高等教育修正案》。这是继TRIO项目之后,联邦政府又一个拨款资助弱势学生群体的项目。法案规定联邦政府首先给州拨款,然后由各州给处境不利的学生和家长提供财政资助、学业支持服务、咨询及大学招生相关信息。1993年,联邦政府给NEISP项目的拨款总额为200 000 000美金,1994年增至400 000 000美金。但好景不长,拨款金额到1995年骤降至3 100 000美金,1997和1998年也仅有3 600 000 000美金。先后一共有九个州获得了联邦政府NEISP项目的资助。

1998年1月27日,在第105次美国国会上克林顿总统签署通过了由国会议员法奇(Chaka Fattah)设计并提议的"快速启动"(GEAR UP)规划。同年,该项目被写进《1998年高等教育修正案》。"快速启动"规划出台后便取代了NEISP项目,并在NEISP项目模式的基础上进行了优化和改进。GEAR UP项目保留了NEISP项目通过向各州拨款来实施项目的形式,并不断扩大参加项目的州的数量。GEAR UP项目还拓宽了拨款对象,发展出一种新的拨款方式及管理模式——伙伴组织资助,即除了州可以获得资助之外,由至少代表一所小学和中学的当地教育机构,一个高等教育协会和至少两个社区组织(可能包括商业组织,慈善机构和其他社区实体)组成的伙伴组织也可以得到联邦政府的财政援助。参加NEISP项目的学生由GEAR UP项目负责接管,并提供服务至他们高中毕业。虽然GEAR UP项目和TRIO项目都是联邦政府为低收入家庭背景的学生提供的资助项目。但是与TRIO项目不同的是,GEAR UP项目服务对象的年龄段提早至中学阶段,而TRIO项目则服务于高中或高中以上的学生群体。在《1998年高等教育修正案》中明确规定,GEAR UP的服务对象是7年级以下(包括7年级)的学生,服务时间一直延续到学生中学毕业。尽早

第五章 渐进主义视角下的美国高中教育与高等教育衔接政策演化

为学生提供指导和资助能帮助学生在高中阶段为大学升学更好地做规划和准备,这无疑增加了他们升入大学的可能性。因此,从这点上来讲,GEAR UP 项目弥补了 TRIO 项目的缺憾。

1999 年,国会向 GEAR UP 项目拨款 120 000 000 美金,2000 年增加到 200 000 000 美金。[①] 相较于 1998 年联邦政府给 NEISP 的拨款,GEAR UP 项目所获得的联邦政府资助有大幅的提升。作为 GEAR UP 项目实施的法律保障,《1998 年高等教育法修正案》全面系统地说明了该项目的活动目的和内容、组织和授权、实施者的权利和义务、经费的资助和使用、评估和考责等方面的规范标准。该项目的目标是在学校—大学—社区伙伴组织的帮助下,鼓励低收入社区的学生至少从 7 年级就开始为大学升学做准备。该项目所提供的支持和服务包括:为面临辍学危险的学生提供学业帮助、辅导和咨询;为学生及家长提供中学后教育选择信息及大学财政资助信息;为符合条件的学生提供必要的财政资助。[②] GEAR UP 项目不设门槛,一般由州长指定某个地方教育局负责向联邦政府提出州拨款(state grants)的申请,每年最高拨款额度为 500 万美元。有时也可由地方教育局和大学联合两个以上其他社会机构(如:企业、职业组织或州政府机构),成立项目合作组,申请组合拨款(partnership grants),通过该项目分配给每位学生的资助上限为 800 美元。GEAR UP 的拨款时间一般为 6 年,但最长不超过 7 年,获得拨款的州或合作组必须对拨款进行合理分配,其中包括一个早期干预计划以及为低收入家庭学生提供大学奖学金。据美国教育部统计,2011 年共有 18 个州获得了 GEAR UP

---

① William G. Tierney, Linda Serra Hagedorn. *Increasing Access to College: Extending Possibilities for All Students*[M]. New York: State University of New York Press, 2002: 19.

② U.S. Department of Education. The Amendment of 1998 Higher Education [EB/OL]. http://www.ed.gov/policy/highered/leg/hea98/sec403.html, 2016 - 1 - 15.

拨款,总额为9 000万美元。2014年,美国联邦教育部又为"快速启动规划"投入7 500万美元,并对GEAR UP项目提出了新的要求,即除了关注学生的大学适应能力和入学准备之外,GEAR UP项目也开始重视非认知技能对于大学入学与大学成功的重要性,强调提高学生的学术心态、毅力、动机以及社会和情感技能等非认知技能。[①]

第三节 美国高中教育与高等教育衔接政策的调整(21世纪初至今)

一、《不让一个孩子掉队》与"美国竞争力计划"

1998年,美国"国家教育进步评价"(National Assessment of Educational Progress,简称NAEP)调查发现,20世纪70年代到90年代,政府对中小学教育的投入高达1 250亿美金,然而学生学业水平仍然低下。在这20年间,12年级学生的平均阅读成绩并没有提高,有60%的12年级学生阅读能力未能达标。[②] 进入21世纪,世界宏观经济环境对人才提出了更高层次的要求。而美国能否继续保持经济上的领先,究其根本取决于新一代青少年的素质,而这一代人的学习水平堪忧。针对美国中小学生数学、科学和外语知识普遍不足以及高等教育竞争力下降的现状,2002年,美国时任总统乔治·沃克·布什签署了《不让一个孩子掉队法案》(*No Child Left Behind*,简称NCLB),该法案要求各州设定年度

---

① 匡冬平.美国政府斥资7 500万美元资助Gear Up项目[J].世界教育信息,2014(13):74.

② U. S. Department of Education. NCLB Stronger Accountability: Testing for Results Helping Families, Schools and Communities Understand and Improve Student Achievement [EB/OL]. http://www.ed.gov/nclb/accountability/ayp/testingforresults.html, 2016 - 2 - 11.

进步目标,并把高中毕业率包含在年度进步目标之内,以确保所有高中毕业生达到合格水平,[①]期望每个高中毕业生能为高等教育或者职业生涯做好准备。

2005年,美国前教育部长玛格丽特·斯佩林斯牵头组建了由19名代表组成的高等教育未来委员会(Commission on the Future of Higher Education),并发动了一场声势浩大的有关"加强高等教育,使之在21世纪继续保持竞争力"的全国大讨论,其终极目的在于寻求如何改善美国的高等教育体系,以确保毕业生能够符合未来经济发展的需要。"美国竞争力计划"便由此应运而生,它是2002年颁布的《不让一个孩子掉队法案》的补充。该计划于2006年2月由布什政府发布,其主要目标是通过加强美国的STEM(科学、技术、工程和数学)教育,提高美国的学术竞争力。该计划关注到了在高中教育与高等教育衔接上的两个问题:① 中学教师缺口的问题。根据2005年美国国家教育统计中心的数据显示,预计到2015年,美国中学数学和科学教师缺口将高达283 000人。② 高中生大学学术准备程度低。参加大学准备课程的学生人数少,因此很多学生大学准备度不够。该计划就此提出了一些举措:通过大学先修课程项目/国际学位项目(Advanced Placement/ International Baccalaureate Program,AP/ IB)的推广提高低收入学生学习高难度数学和自然科学课程的比例,并专门培训高中教师来教授和辅导这些课程,从而提升低收入家庭学生通过这些课程的比例;通过辅助教师协会(Adjunct Teacher Corps)的帮助,派遣数学和自然科学专家到高中当AP/IB课程的辅导教师。

2007年布什政府在实施"美国竞争力计划"时,投入12.2亿美元专门培训数学和科学AP课程的高中教师,派遣3万名数学

---

① 陈时见,赫栋峰.美国高中课程改革的发展趋势[J].比较教育研究,2011(5):1-5.

和科学专家到中小学执教,给学习有困难的学生提供早期帮助,以此增加参与 AP 课程的高中生数量;并将高等教育的学科发展和现实的职业需要联系起来,帮助学生为适应未来的职业要求做好准备。[1]

二、"力争上游计划"与《共同核心州立标准》

2009 年奥巴马出任美国总统,此时的美国政府面临着艰难的教育政策抉择,教育改革势在必行。一方面,2008 年年底的金融风暴使美国的经济遭受了沉重的打击,更直接冲击了美国的教育财政,美国各州和学区的教育经费缺口巨大。另一方面,奥巴马政府在推行教育改革政策时面临着布什政府教育改革效果不彰甚至问题频出的巨大挑战。[2]《不让一个孩子掉队法案》本是着眼于改变美国教育质量下滑的趋势,但其实施后的结果并不尽如人意。例如,该法案要求美国各州都必须建立起州内的统一学术标准,并以此为依据对州内学生定期实施考核。但这种严苛的考核机制导致一些州纷纷降低标准要求以逃避因学生学业成绩不达标而面临

---

[1] 侯威.美国竞争力计划——布什政府科研与教育发展新蓝图[J].外国中小学教育,2006(6):7-8.

[2] 自从 2002 年布什政府颁布《不让一个孩子掉队法案》以来,美国很多州通过提高高中毕业要求,制定州内的学术考核标准、采用年度评估来衡量学生的进步情况,以提高学术期待(academic expectations)。但这些改革对提升学生的大学升学准备的成效并不太显著,而其负面效应却已经出现,如日渐抬头的应试文化、降低毕业门槛、重惩罚而不重奖励的趋势。究其原因,该项教育改革的制定者和施行者对中学与大学教育的衔接,大学升学准备的理解有偏颇。他们主观地认为提高课程要求、学业标准和评估的强度,K-12 教育阶段便能与中学后教育阶段顺利衔接,学生就可以做好大学升学准备。而实际情况是,各州颁布或采用的标准评估结果的确会显示学生在基础知识与技能上的弱项,但各个州并未出台有力的政策来解决这一问题,从而提升大部分学生的大学升学准备度。而且,由于各州的标准和评估体系不一致,学校在开设课程的强度和内容上也有差异,因此学生在中学学的和做的准备往往和大学学习的要求脱节。Conley 等学者提出,各州应该统一一个学业标准,该标准应包括为中学后教育与职业生涯发展做好准备的基本指标;有了这项基本依据之后,各州可视各自具体情况作政策上的调整。

的一系列处罚。更为重要的是,《不让一个孩子掉队法案》实施后美国教育低效的状况并未从根本上得以扭转。2009年,经济合作与发展组织(Organization for Economic Co-operation and Development,简称OECD)公布的国际学生能力评估计划(Program for International Student Assessment,简称PISA)测试结果显示:与其他工业国家相比,美国学生在阅读上排名第十四,学生在数学排名第二十五,在科学表现排名第十七。美国学生平庸的表现令大众失望。面对美国教育的种种危机,奥巴马政府在教育政策上力求革新,欲提高学生的竞争力,使美国教育重回巅峰。2009年2月17日,奥巴马在就任总统一个月后就迅速出台了《美国恢复和再投资法案》(the American Recovery and Reinvestment Act of 2009),联邦政府投入一千多亿美元用于振兴教育。从资金流向来看,相当一部分资金用于帮助弱势学生(贫困家庭子女)克服经济困难顺利升入大学接受高等教育。[1]

进入21世纪,美国更加重视各州之间教学标准差异极大的问题。各州政策制定者对诸如学生到底需要掌握什么知识和技能才能为升入大学做好准备以及高中生为大学升学做准备和为就业做准备所需要学习的知识和技能是否一样之类的问题理解各异,因此各州出台的高中教育与高等教育衔接政策指向也各不相同,造成学生无法准确定位从而进入适合的高校或选择理想的职业。于是,在全国范围内开始掀起对大学准备和职业准备的大讨论。2006年ACT发布的一份报告将这场大讨论推向顶峰。ACT的报告指出,通过研究比对ACT所研制的工作技能评估体系和大学准备标准的指标,结果发现在英语和数学两门学科上指标具有极大的可比性。因此,结论是大学准备度(college readiness)和职业生涯准备度(career readiness)并不矛盾,可以在所需要具备的

---

[1] 傅林.从《2009美国复苏与再投资法案》看奥巴马时代的美国教育改革动向[J].比较教育研究,2010(4):57-62.

学术技能衡量上达成统一。① 这一结论一公布便引起热议,并受到教育专家和政策制定者的大力推崇,因为这两个概念的结合可以解决令他们头疼的问题,即如何协调高中阶段学术类和职业类学生分流时课程设置的问题以及是否可以推行一套统一的大学准备学术标准,等等。"大学与职业准备度"概念的形成吻合21世纪公民终身教育的目标,也丰富了高中教育与高等教育衔接的内涵,同时为美国进行中学教育改革指明了方向,中学阶段的教育目标应该是兼顾提高学生的学习和认知以适应大学学业与未来就业的双重要求。

2009年6月美国全国州长协会(National Governors Association,简称NGA)和各州教育长官委员会(Council of Chief State School Officers,简称CCSSO)联合发起"共同核心州立标准计划"(the Common Core State Standards Initiative),旨在统一美国K-12年级课程标准,以确保学生做好"升学和职业的准备",从而提升美国的国际竞争力。这份标准的制定历时一年的时间,其撰写者通过了解大学和企业希望高中生上门求职时拥有什么样的知识进行"逆向测绘"需要掌握这些知识各个年级学生所需要达到的学习目标。由此生成的标准再交由教师工会、各州教育官员、学术团体、反馈小组和独立的认证委员会审核,进一步修订后完成。2010年6月2日,《共同核心州立标准》(*Common Core State Standards*)正式发布。该标准界定了学生在K-12教育期间应该掌握的知识与技能,使他们更好地为升学和就业做准备。以往,各州都有自己一套不同的学习水平标准。各地学生以不同的进度学习不同的技能和概念。《共同核心州立标准》对全国学生设立了很明确的期望,给各州学生一个平等、高水平的教育,从而确保他们高中毕业时能够达到大学课程要求的入学水平,或就业培训项

---

① David T. Conley. *Getting Ready for College, Careers, and the Common Core* [M]. San Francisco: Jossey-Bass, 2013: 37.

目的基本要求,使他们拥有更高的成功机会。《共同核心州立标准》出台后,赢得了教育界人士的支持和一些团体的力挺。尤其盖茨基金会在为共同核心的制定、推广、落实中提供了大量的资助。尽管共同核心的构建者在努力避免带入联邦政府的痕迹,奥巴马政府也努力小心行事,强调只是鼓励各州采纳,不强制要求落实标准,但联邦政府实际借助财政杠杆的推动,加快了《共同核心州立标准》的落实进程。

2009年9月,奥巴马政府公布了"力争上游计划"(Race to the Top),激励各州为教育改革与创新提供良好的环境,提高学生的学业成就,缩小学业差距,提高高中毕业率,为高中学生升学和就业做好准备。各州需要制订改革计划,然后向联邦政府提交申请,才有资格竞争总额为43.5亿美元的"力争上游基金"。其中一项措施就是将政府拨款的申请和《共同核心州立标准》挂钩,即如果州想拿到"力争上游计划"的资助,就必须承诺和实施一系列条件,其中的一个条件就是采纳《共同核心州立标准》。在经济大衰退的背景下,现金推动了对标准的接受。到2011年,全美有45个州采纳了《共同核心州立标准》,所谓采用《共同核心州立标准》指的是州的课程至少85%是基于该标准设置的。当各州纷纷采纳了《共同核心州立标准》,这意味着这个全国统一的"大学与职业生涯准备"标准取代了原本各州自行制定的标准,结束了各州各行其是的局面;同时这个更加强调标准管理的新绩效责任系统,也使得大学与职业生涯准备情况的跨州比较成为可能。

联邦政府还鼓励开发与《共同核心州立标准》相一致的新一代评估系统,并为此提供约3 500万美元的竞争性拨款。2010年,由各州组成的两大联盟"更聪明平衡评估联盟"(Smarter Balanced Assessment Consortium,简称 SBAC)和"评估升学和就业准备情况的合作伙伴"(The Partnership for the Assessment of Readiness,简称 PARCC)在竞标中胜出获得拨款,打造新的测验与教学支持系统来取代《不让一个孩子掉队法案》实施中所使用的测试体系。和《不让一个孩子掉队法案》测试相比,新的测试体系更全面地考核学生大学与就业的准备程度;引入了认知需求;强调写作、研究和调查的技能;将数学与实践相结合;关注学生为大学做准备过程中的进步;为教学提供即时的反馈数据。2014年,39个州成为测试联盟的成员,其中23个州与SBAC签约,16个州和华盛顿D.C.是PARCC的成员,宾夕法尼亚州同时加入这两个联盟成为其成员。[1]

《共同核心州立标准》出台之后一方面得到了联邦政府和商业团体的支持,另一方面其实施效果也得到了及时的评估和反馈。在标准实施后一年,教育政策改进中心(the Educational Policy Improvement Center,简称EPIC)就对其进行了一次详细的调查评估。来自超过500所两年制和四年制高等院校的教授25大类课程的教师参加了此次调查。25大类课程中,14种是获得学士学位的通识课程,另外11种是获得副学士学位的职业方向的课程。这些教师结合他们的教学实践对《共同核心州立标准》进行了评分和评价。调查结构显示:《共同核心州立标准》对大多数学科课程来说都很重要并且很实用。令人惊喜的是,超过95%的教师都认为核心标准能够反映学生学习课程时所需要具备的认知能力。这一结构肯定了《共同核心州立标准》与大学准备目标上的高度契合,即该标准能够帮助学生在学术和认知能力上为进入大学做好准备。[2]

《共同核心州立标准》在全美的迅速推行无疑给奥巴马政府的教育改革注入了一针强心剂。而小布什的《不让一个孩子掉队法案》在实施八年后在教育改革上达不到应有的效力,引发了很多的

---

[1] Morgan S. Polikoff. Common Core Standards Assessments: Challenges and Opportunities[EB/OL]. https://www.americanprogress.org/wp-content/uploads/2014/04/CCCAssessments-report.pdf, 2016-2-15.

[2] David T. Conley. *Getting Ready for College, Careers, and the Common Core*[M]. San Francisco: Jossey-Bass, 2013: 171-175.

第五章 渐进主义视角下的美国高中教育与高等教育衔接政策演化

争议。2010年奥巴马政府做出回应,将提升大学与职业生涯准备度作为修订《不让一个孩子掉队法案》的初衷。2010年3月,奥巴马向国会提交了《改革蓝图:初等及高中教育法案修正案》。该法案提议调整问责机制,并要求各个州对高中学生毕业后的升学与就业准备程度设立一个较高的目标。但很遗憾该项法案最终未获通过。2011年,奥巴马政府推出了《不让一个孩子掉队法案弹性/豁免计划》,旨在给各州"松绑",并为各州提供适度的空间,发展并实施有助于学生成功升学或就业的方法与策略。

为了完成提升大学准备度的目标,2012年联邦政府设立了"力争上游:大学支付能力和完成率计划"(Race to the Top program for College Affordability and Completion)的竞争性资金项目,计划每年拿出10亿美元,鼓励各州采取措施,控制学费上涨,帮助更多的学生在规定时间内顺利完成大学学业。该投资将为抑制学费增长的大学提供奖金资助,并特别为发展不利的学生提供资金支持。各州要想获得该笔竞争资金并用于学生资助,必须在以下方面比多数州表现得更好:重建和改进对高等教育的拨款结构,增加州政府拨款;控制本州内的高等院校学费的增长并维持学费的稳定;改善高中教育与高等教育标准的衔接度,以及高等教育内部两年制学院与四年制大学的学术标准的衔接。[1]

值得一提的是,2015年12月2日,美国众议院以压倒性优势通过了《让每个孩子成功法案》(the Every Student Succeeds Act)。12月10日,这一法案经总统奥巴马签署后生效。它是对小布什总统2002年实施的《不让一个孩子掉队法案》的一次全面而彻底的修订,对其由来已久的弊病进行了大幅度的纠正:修正了《不让一个孩子掉队法案》对"学校成功"(school success)的狭义

---

[1] Department of Education. Race to the Top: College Affordability and Completion [EB/OL]. https://www2.ed.gov/about/overview/budget/budget13/justifications/t-rtt.pdf, 2016-2-16.

的界定,即学校成功并不是以数学和英语等学科成绩和毕业率为主要衡量标准,而是赋予了一个更广义的概念,包括很多诸如学生成长、大学与就业准备度、学校风气或学生进步等因素;终结了原本规定的联邦以测试成绩为基础的问责制,代之以州问责制,将控制教育的权力归还给各州和地方学区。该法案多次提到了《共同核心州立标准》,强调联邦政府无权命令或以资助的形式刺激各州采用或保持《共同核心州立标准》;不仅指任何州退出《共同核心州立标准》或者修改本州的标准。很多学者和政府官员将此解读为新法案将终结《共同核心州立标准》在各州的执行。但正如一篇反驳参议员 John McCain 所发表的"《让每个孩子成功法案》基本废除了《共同核心州立标准》"的文章中所述,共同核心之前存在,联邦政府从来没有强制执行过该标准;现在和将来也存在,因为各个州可以自主选择执行该标准。① 事实上,在《共同核心州立标准》推广五年之后,各州对大学与职业生涯准备度加深了理解,也设立了很多达到共同核心标准的项目,必然有得有失。《让每个孩子成功法案》更强调灵活性和多样性,给各州更大的空间自主选择设定符合本州情况的标准,采用不同的对策提升学生的大学与职业生涯准备度。这正反映了美国高中课程改革的取向与基调,即让高中课程内容既为高等教育的发展服务,又要为学生的就业和生活做准备。这也是美国的高中教育与高等教育衔接教育改革秉持的原则。美国政府在高中教育与高等教育衔接政策改革的过程中不断地发现问题,不断进行调整,呈现出明显的渐进主义倾向。

---

① Anthony Cave. *Is Common Core No More?* [EB/OL]. http://www.politifact.com/arizona/statements/2016/feb/29/john-mccain/common-core-no-more/,2016-2-8.

第五章 渐进主义视角下的美国高中教育与高等教育衔接政策演化

本章小结

  为了实现高中教育与高等教育的无缝衔接,美国政府不断地在原有政策的基础上做调整、修正与补充。针对弱势学生群体的"三元"计划从最初的三个项目逐步扩充到八个项目。而"三元"计划中忽视的大众学生群体的升学诉求在"中级学院高中课程"计划和双学分课程中得以满足;"中级学院高中课程"计划和双学分课程计划关注高中与大学课程上的衔接,帮助学生进行大学入学的学业准备。进入20世纪80年代,信息化发展对人才提出了更高层次的要求,高等教育体系中的职业教育受到极大的关注。为了适应这一社会需求,美国联邦政府推行了"技术准备计划",旨在整合高中教育和高等职业教育以及高等学术教育,为那些不能或者不愿意升入大学学习的学生提供高层次的职业技术教育,为社会培养高级技术人才。该项计划在1990年出台之后,历经了数次的修正和调整,其服务对象数量持续增加,合作的中学后教育机构从最早局限于两年制学院到如今范围已经拓宽至四年制大学或学院,更好地实现了高中教育与高等教育有效衔接的目标。20世纪90年代,美国贫富差距持续扩大,为低收入家庭高中生提供资助和指导成为提升这部分学生大学升学率的有效策略,"快速启动"规划出台。"快速启动"计划是对"三元"计划的延续和补充,该计划将服务对象的年龄段从"三元"计划所规定的高中或高中以上提早至中学阶段,尽早为学生提供指导和资助能帮助学生在高中阶段为大学升学更好地做规划和准备,增加了他们大学升学的机会。20世纪末,布什政府注意到了美国高中生大学学术准备程度低的问题,因此推出了"美国竞争力"计划,增加大学先修课程的师资力量,从而促使更多的高中生参与大学准备课程。进入21世纪,奥巴马政府提出提高大学与职业生涯准备度的目标,鼓励各州采纳全国统一的"大学与职业生涯准备"标准,即《共同核心州立标准》。

在《共同核心州立标准》推广五年之后,奥巴马政府完成了对布什《不让一个孩子掉队法案》的修订,通过了《让每个孩子成功法案》。而该法案中联邦政府对《共同核心州立标准》的态度从积极推广向刻意回避转化,强调各州可以自主选择设定符合本州情况的标准,采用不同的对策提升学生的大学与职业生涯准备度。显然,为了实现高中教育与高等教育无缝衔接的长远目标,美国针对高中教育与高等教育衔接问题的实践、反馈、调整和完善的过程仍将继续下去。政策上的调整是根据不同阶段社会发展的实际和要求,在保持相对稳定的前提下,做出的渐进式的修订。

第六章

结论与思考

高中教育与高等教育的衔接政策是人们对于高中教育与高等教育关系的思考,是终身教育理念与人才培养持续性的必然要求。然而,高中教育与高等教育衔接政策不仅仅是一个理论问题,也是一个实践问题。美国联邦政府在推进教育各个阶段有效衔接的过程中,虽然取得了不凡的成就,但由于受到一些主观与客观因素的制约,美国高中教育与高等教育衔接的现状与无缝衔接的目标与理想仍然存在着一定的差距。爬梳美国高中教育与高等教育衔接政策流变的历史轨迹,分析美国高中教育与高等教育衔接政策的特点对我国完善高中教育与高等教育衔接政策具有理论与现实意义。

第一节 主要研究结论

一、美国高中教育与高等教育衔接政策的流变脉络分析

美国联邦政府高中教育与高等教育衔接政策,以20世纪60年代"三元"计划确立为标志,经过了半个多世纪的发展,其间经过多次修补与调整而日趋稳定,从其流变脉络来看,美国高中教育与高等教育衔接政策具有以下发展趋势。

(一)政策支持对象的扩大

美国高中教育与高等教育衔接政策的一个主要策略是在经济

上为中学生提供包括经济资助、学业指导以及其他与大学升学相关的服务,使他们能顺利进入合适的院校接受高等教育。从20世纪60年代美国联邦政府颁布的《经济机会法》中设立的"向上跃进"计划开始,联邦政府就利用财政资助来支持和鼓励贫困家庭的子女接受高等教育。1965年国会通过的《高等教育法》明确指出,"为了使经济特别困难的中学合格毕业生能够接受高等教育",授权联邦政府为有特殊经济困难的合格中学毕业生接受高等教育提供"教育机会助学金"。联邦政府拨款给与教育署签订协议的高校,再由高校向符合条件的学生分发这笔助学金。同时,该法案也推出了"三元"计划中的第二个项目——"人才搜索"计划,为低收入家庭以及第一代大学生背景的成绩优秀的高中生提供咨询与建议,协助他们完成中学学业并能进入中学后教育。这些措施都是主要面向那些学习成绩优异但经济困难的学生,帮助他们顺利获得高等教育入学机会。1972年的《高等教育法修正案》进一步明确了不再是向高校增加资助,而是将资金直接提供给学生,并为此设立了"基本教育机会助学金",后改称"佩尔助学金"。"佩尔助学金"向渴望攻读大学的贫困学生提供经济资助,学生的贫困资助资格不再由高等教育机构认定而是由联邦教育部统一认定。该助学金的对象从普通高等教育的学生扩展到整个中学后的学生,教育资助受益人数急剧扩大。此外,1972年的《高等教育法修正案》将1965年《高等教育法》中的"教育机会助学金"改名为"补充教育机会助学金",这一助学金是对"佩尔助学金"的补充,用来资助那些接受"佩尔助学金"之后仍有经济困难的成绩优异的学生。1972年修正案更将学生资助从贫困学生扩大到中等收入家庭的学生。法案规定:中产阶级也有权享有学生资助,并相应建立了"担保学生贷款"工程。1978年国会通过了《中等收入学生助学法》,声称以"扩大学生选择学校的自由"为宗旨,取消了申请"国家担保贷学金"的家庭经济状况限制,不仅贫困家庭的学生可以享受资助,任何收入家庭的学生均有权享受学生贷款。这就意味着美国联邦政府进一步扩展了学生资助政策的资助对象。进入80年代,联邦政府坚持促进高等教育机会均等、服务于普通民众接受高等教育的需要的宗旨。但里根政府推行的为富人减税等政策并未能实现公平,却拉大了收入差距,造成贫困发生率急剧增加。1998年,克林顿总统签署通过了"快速启动规划",同年颁布的《1998年高等教育修正案》对该项目所提供的支持与服务进行了全面系统的阐释。"快速启动规划"是继"三元"计划之后联邦政府实施的面向弱势群体学生的大学准备项目。与"三元"计划一样,"快速启动规划"为学生提供包括资助、咨询和学业辅导等全方位的大学升学服务,但其最大的贡献却是将服务对象从高中生向更低教育阶段延伸至7年级的中学生,从而将中学与衔接政策支持对象范围进一步扩大,高中教育与高等教育衔接的内涵也进一步丰富,即从高中阶段的最后一两年与大学一二年级的衔接外延至整个中学阶段与大学的贯通与衔接。

(二)课程衔接对策从课程衔接体系的构建到资源利用优化的转变

美国高中教育与高等教育衔接政策的另外一个主要策略是通过立法支持高中教育与高等教育课程衔接体系的建设与完善。美国最早出现的高中教育与高等教育衔接课程是AP课程,即在高中阶段开设的大学水平的课程。AP课程在20世纪50年代创立之初就目标明确,是为学有余力的高才生设置的课程衔接项目,为了激励这些学生尽可能多学习从而防止他们进入大学因为课程难度过低造成学习上的倦怠。所以,从某种意义上来说,虽然AP课程的适用对象范围小,但其最终目的是为了减少教育资源,尤其是学生资源的浪费。20世纪70年代兴起的双学分课程计划是继AP课程之后的又一项有益的高中教育与高等教育衔接课程的实践探索。双学分课程计划实施的早期,其主要目的和AP课程一样,也是为成绩优秀的高中生提供大学水平课程,具有学业挑战的性质。但进入21世纪,双学分课程的教育对象已不再局限于少部分高学业成就者,学业一般和较差的学生也开始参与该课程计划,并且研究显示这些学生同样也从中受益。2015年,美国教育部将"佩尔助学金"的一部分款项用于资助参加双学分课程计划的低收入家庭学生。同年颁布的《让每个学生都成功法》中,联邦政府也承诺拨款20 000 000美金资助参与双学分课程计划的贫困家庭学生。双学分课程计划的实施拓宽了高中教育与高等教育课程衔接体系服务的对象范围,从而更好地实现教育资源的利用。

2010年美国历史上首部国家中小学课程标准,《共同核心州立标准》发布,这标志着美国联邦政府致力于统一和提高基础教育的学术标准,促进高中教育与高等教育课程的有效衔接。这项标准对全美的学生设定了很明确的期望,给各州学生一个平等的、高质量、高水平的教育,从而让他们在高中毕业时能够达到大学入学的学业要求或就业培训项目的基本要求,提升他们成功的概率。美国联邦政府将"力争上游计划"的拨款与采纳《共同核心州立标准》挂钩以全力推动该标准的实施。到2011年,全美共有45个州已采纳了这一标准。各州中学毕业学术标准的趋同意味着可以更大程度地减少课程资源的浪费。这正体现了美国高中教育与高等教育衔接政策从课程衔接体系的构建到资源利用优化的转变。

(三)从分散到统一,再从集权到分权的周期性政策变化

在过去相当长时间里,美国的教育政策是比较分散的,许多州都积极致力于提高大学入学率,资助大学准备项目。各州的K-12公立学校也纷纷出资启动大学准备项目,有些项目从小学阶段就开始了。各州的大学也启动了此类项目,以高中教育与高等教育合作为基础,通过资源共享来提升学生的大学准备程度。另外一些大学准备项目则是基于某个学区,具有很强的针对性,带有明显的该学区的特征。

纵观美国高中教育与高等教育衔接政策的发展历程,大学准备项目众多,但长期以来各州独自施政,各州制定州内的大学准备评量标准也不统一。由于参数不同,各州大学准备情况无法进行

跨州的比较,经验借鉴也变得困难。布什在《没有一个孩子掉队法案》(NCLB)提议建立以学生表现本位的全国绩效责任系统,但其实施过程中也仅限于州订标准,而非全国标准。

2010年之后美国能够史无前例地有超过40个州采纳《共同核心州立标准》,加上联邦政府的支持,俨然已有全国统一标准,实现国家课程的气势。《纽约时报》2013年4月20日的专论推崇《共同核心州立标准》是"美国历史上最重要的教育改革""其以更严谨的标准取代了各州平庸拼凑(mediocre patchwork)的标准"(The New York Times Editorial Board,2013)。[1] 然而为了缓解小布什的《不让一个孩子掉队法案》所造成的矛盾,平息公众对联邦政府严苛绩效问责制的反感,奥巴马政府在2015年通过了《让每个孩子成功法案》,取代旧法。新法案通过废除"适当的年度进步"问责制,建立州政府"州设计制度"(State Designed System,简称SDS)问责及赋予家长更多权利等措施,减少了对标准化考试和统一任务的依赖,通过将教育权力还给各州、地方学区和学校,确保美国基础教育系统为青少年升学和就业做好准备,完成与高等教育的衔接。新法案明确规定联邦政府不能以任何形式推动或支持各州采用《共同核心州立标准》,各州有权制订本州有挑战性的学业内容标准。但新法案还要求各州改善本州5%最困难的学校、辍学率高的高中学校以及那些任何学生群体一直表现不佳的学校的学生学习,确保所有学生都达到目标。因此,新法案的颁布并不意味着《共同核心州立标准》从此会废止,可以预见到该标准的引领作用仍将持续,只是联邦政府以授权管理的形式将控制教育的权力归还给各州和地方学区。高中教育与高等教育衔接政策从分散到统一,再从集权到分权的变化反映了联邦与地方权力博

---

[1]　The New York Times Editorial Board. Moving Ahead with Common Core[EB/OL]. http://www.nytimes.com/2013/04/21/opinion/sunday/ moving-ahead-with-common-core.html?_r=0,2016-4-11.

弈和再平衡的过程。但是新旧法案的切换只是策略的改变,提升大学与职业生涯准备度是其根本目标。

二、美国高中教育与高等教育衔接政策的特点

联邦政府高中教育与高等教育衔接政策经过长达半个多世纪的发展,通过立法支持构建了较为稳定的高中教育与高等教育衔接体系,推进教育资源的整合,帮助更多的学生获得了升入大学深造的教育机会。就政策本身而言,这项政策是长期政策,联邦政府投入了巨大的人力、物力与财力为高中教育与高等教育的有效沟通提供政策性指导。因此,美国高中教育与高等教育衔接政策在其运行过程中呈现出以下几个方面的特征。

(一)从经验决策到循证决策

在20世纪70年代之前,教育学家和政策制定者一致认为,环境和社会经济因素是大学入学学业成绩不佳的首要原因。因此,美国联邦政府通过广泛的教育立法对少数族裔、贫困家庭处境不利的学生进行资助。从20世纪70年代起,美国联邦政府每年都投入资金支持联邦教育统计中心(National Center for Education Statistics)对高中教育与高等教育衔接情况开展全国性的调查研究。该中心先后进行了五次有计划的长期追踪调查研究,对四十年间学生的中学与中学后教育及就业状况进行扫描记录,其研究成果成为各级政府制定政策或推行改革的依据。其中三项已经完成,第一次长期追踪研究对1972年的高中毕业生进行调查,从1972年一直追踪到1986年。由于高中学生的退学问题日益严重,1980年的第二次的长期追踪研究从高中二年级就开始进行调查,一直追踪到1992年,以便研究中学生退学的原因,同时考查中学毕业后的情况。1988年开始的第三次长期追踪研究先后分四次调查了学生在8年级、12年级、高中毕业两年后(大学期间)以及高中毕业四年之后(大学毕业)情况。研究发现,经济社会地位作为影响大学学业成功的传统因素,其效力并不大,尤其到大学二

年级之后,其影响微乎其微;少数族裔的影响力更弱;而高中课程的学业强度,高中的课程设置的质量与强度,才是决定大学成功的关键性指标。[1] 目前还有两项调查正在进行,即2002年的纵向调查研究(the Education Longitudinal Study)以及2009年的中学纵向调查研究(High School Longitudinal Study of 2009)。这两项研究对影响大学成功的指标进行更细化的深入调查,除了传统的学生自身和家庭因素之外,如性别、种族、家长的最高学历,还增加了学区以及课外经验等对大学准备与成功产生影响的因素,如学校的特点对学生成功的影响;家长与学区对成功的影响;学生的价值观与目标设定对成功的影响;学生课内课外经验对其将来的影响,等等。[2]

除了联邦政府组织的长期追踪调查,美国高校测试中心(ACT)和美国大学理事会(College Board)作为全美代表性的考试服务机构也进行了多次调查。2009年,美国高校测试中心展开了一次全国性的调查,目的是全面了解在大学教师眼中大学生在求学期间获得成功所需要掌握的技能。同年,美国大学委员会也进行了类似的全国性的调查,但其调查对象除了大学教师以外还包括了高中教师。由于这些调查涉及面广、样本量大,因此其调查结果的代表性、真实性和广泛性远胜过各州所做的调查。这些研究数据结果为宏观决策提供了数据基础。决策者也利用这些结果评估高中教育与高等教育衔接政策改革的实施效果。其测评结果还被大量研究者深入挖掘和分析,开展各种对学生成功影响因素的研究。学者通过分析数据对大学升学所需要具备的知识与技能进行了梳理和总结,提出了高中教育与高等教育衔接中的核心概

---

[1] C. Adelman. *Answers in the Tool Box: Academic Intensity, Attendance Patterns, and Bachelor's Degree Attainment*[M]. Washington, D.C.: U.S. Dept. of Education Office of Educational Research and Improvement, 1999.

[2] Nathan J. Daun-Barnett. Access to College: A Reconsideration of the National Education Longitudinal Study (NELS)[J]. *Educational Policy*, 2013(1): 3–32.

念——"大学准备度"。

"大学准备",是指学生能被大学录取,不需要参加补救课程(remedial course),并且能顺利修完大学学分课程的能力准备。"大学"则是泛指向合格学生授予副学士或学士学位的两年制、四年制高校。在众多研究者中,大卫·康利(David Conley)的观点相对有代表性并且为学术界广泛认可。2007年,康利提出了"大学准备"的四个要素模型,认为"大学准备"作为一个多元的概念,其中包括四个维度的知识和能力的准备,即关键认知策略(key cognitive strategies)、关键学科知识(key content knowledge)、学术行为(academic behavior)和情境知识与技能(contextual skills and knowledge)。[1] 2010年,康利在《大学与职业生涯准备》一书中进一步指出,"大学准备"与"职业生涯准备"并不矛盾,它们所涵盖的知识与技能准备有着很多共通之处。他将"大学准备"与"职业生涯准备"两个概念进行合并,并将"大学与职业生涯准备"定义为,学生具备了不参加补救课程,成功修完大学学业或成功完成有助于未来职业发展的高质量的文凭课程项目的能力准备。而"大学与职业生涯准备"概念中的"职业生涯准备"不是指为就业所做的知识和技能上的准备,而是指在职业生涯中能进行自主学习所需要的基础知识和学习策略。康利认为,高中阶段将学生分流成升学导向与职业导向这一举措的弊端已凸现。中学阶段教育分流,学生接受不同的课程,导致了学生间的分层,这使得他们形成不平等的职业和生活选择。同时,为了保证毕业率,高中阶段的学业强度低,毕业的学业要求较低,这使得高中毕业生的知识与能力水平饱受诟病。此外,21世纪宏观经济环境对人才提出了更高层次的要求,所以中学阶段的教育目标,应该兼顾提高学生的学习与

---

[1] D. Conley. Toward a more comprehensive conception of college readiness. [EB/OL]. http://docs.gatesfoundation.org/documents/collegereadinesspaper.pdf, 2016-3-8.

认知能力，以适应大学学业与未来就业的双重要求。[1] 这一概念的重新界定为奥巴马政府出台提升"大学与职业生涯准备度"的相应政策提供了理论支撑。而联邦政府积极推动的《共同核心州立标准》正是以康利的"大学与职业生涯准备度"指标为基准来制定的。联邦政府对高中教育与高等教育衔接问题的决策已从最初的经验主义发展到奠基于广泛、真实可靠、细致精准的信息数据基础之上的科学决策。

（二）以大量经费投入确保政策实施

在推行高中教育与高等教育衔接政策上，美国联邦政府形式上保持中立，但对各项法案有形无形的支持却体现了较大影响力。其中为所推行的项目提供竞争性经费（competitive grant）是联邦政府用以引导各州，甚至学区、院校落实政策的主要策略。如，TRIO项目中的"人才搜索"计划，每年联邦政府为全国近500个"人才搜索"项目提供约1.3亿美金的经费，但这些项目每四年必须接受评估，唯有达到联邦政府所制定的标准才能继续申领经费。TRIO的另一个"学生支持服务"项目自施行以来，在联邦政府的支持下推动院校层级的竞争，各个高校递交申请计划，竞争获得经费，为学生提供大学升学准备的咨询与帮助。

2002年，根据《教育技术援助法》（*Educational Technical Assistance Act of 2002*），美国教育部成立了教育科学院（Institute of Education Science）。该院提供专项资金帮助各州教育机构建立和完善纵向数据系统，对学生从学前教育到K-12教育到高等教育乃至走上工作岗位的情况做跟踪调查研究，各州经费从150万—600万美元不等。此项经费成为美国各州大学准备项目的启动与发展的契机。对中学与中学后教育情况的跟踪调查结果也为各州评估自身提升大学准备度政策的实施效果提供了依据。到

---

[1] D. T. Conley. *College and Career Ready：Helping all Students Succeed Beyond High School*[M]. SanFrancisco：Jossey-Bass. 2010：155.

2012年年底,除了亚拉巴马州、新墨西哥州和怀俄明州以外的所有州都从联邦政府申领了经费,建立了州内的长期追踪数据调查系统。

2009年的"力争上游计划"(Race to the Top)也采用各州竞赛的模式,以提升中学生的大学与职业准备度为评量标准,为各州提供了总额为43.5亿美元的基金,冀望以此项目来提高学生大学入学率,推进学生职业生涯教育。2012年,美国联邦教育部后续推出了"力争上游—学区竞争"计划(Race to the Top District-Level Proposal, RTT-D),推动学区层级的竞争,将改革支持的重点从州一级移到了学区一级。

(三)以超越工具理性的远见检验政策效果

美国在推动高中教育与高等教育衔接的政策上,秉承着素质本位的原则,超越了工具理性,其目标是为学生未来的学业与就业成功夯实基础。当大学准备与职业生涯准备两个概念联结,成为高中教育与高等教育衔接政策的核心概念时,其逻辑起点便是注重学生发展价值的职业素养本位观。所以大学准备项目推广时,将学术教育与职业教育结合,不再是"以市场为导向""订单式培养""市场零距离对接"等的职业技术培训,而是针对更广泛的职业生涯群(career cluster)进行的知识教授以及终身学习能力的培养。

《卡尔·D.珀金斯职业与应用技术法案》提出:"有联邦基金支持的每个计划都必须是学术教育与职业教育的整合,通过内在连续的课程使学生获得学术能力和职业能力。"2013年2月12日,奥巴马在连任总统后的首份国情咨文中再次提出,提高"大学与职业生涯准备度"是其教育政策的关键目标,他呼吁,"让更多年轻人上得了大学",并"确保高中学历可以让美国的孩子走上一条通往好工作的道路。"

(四)以追求公平与卓越推动政策改革持续深入

美国联邦政府在推动高中教育与高等教育衔接的政策上兼顾

了公平与卓越。一方面,充足的教育财政投入是实现公平且卓越教育的必要条件。从最初的 TRIO 项目到"力争上游计划",美国政府都投入大量的经费,关照弱势群体,帮助经济或学业上居于弱势地位的学生。另一方面,美国在高中教育与高等教育衔接的政策上同样也注重教育的产出,试图通过问责制激发学校及教师的潜力,既提高中学生的学业成绩水平,也消除学生间的学业成绩差距,从而使更多的学生提升大学与职业生涯准备度。此外,随着近年历任总统的教育政策轨迹,从布什的《不让一个孩子掉队法案》到奥巴马的《改革蓝图:初等及高中教育法案修正案》,美国在推动高中教育与高等教育衔接政策过程中,一直致力追求"高标准"。终于,2010 年 6 月美国颁布了首部全国统一的"高标准"——《共同核心州立标准》。联邦政府借此推行该统一的课程标准,消除教育上的差异,追求卓越。

三、美国高中教育与高等教育衔接政策的反思

美国政府在解决高中教育与高等教育衔接的问题时关注到了弱势学生群体的需求,重视中学课程与大学课程设置上存在内容重复或脱节等一些不合理的现象,也意识到中学的目标定位对于大学升学准备的重要性,因此在推动高中教育与高等教育形成有机衔接体系的政策选择上有的放矢:对经济困难学生进行资助、大力推广 AP 课程和双学分课程、提升中学毕业学业要求,并将中学教育定位为"大学与职业生涯准备"的目标。这些政策的实施的确促进了高中教育与高等教育之间形成有效的衔接关系。但是通过分析美国高中教育与高等教育衔接政策形成与发展背后的结构性与制度性因素,发现美国联邦政府在制定和改革政策时受到多方阻力,最后只能依赖经济为杠杆,通过立法予以激励和引导达到优化高中教育与高等教育的衔接。

首先,招生与录取是美国高等院校自治的权利之一。美国高校类型多样,在招生过程中对学生进行选拔的依据和学生招录方

式呈现出多元化的特点。此外,各州的中学的学业强度与毕业标准也不一致,尽管美国曾一度借由《共同核心州立标准》推行国家课程计划,但由于各州担心联邦政府过度扩张权力,在一片质疑声中,联邦政府也只能放缓计划推行的节奏。显然美国联邦政府无权干预高校的招生,也无法强制统一执行统一的课程标准,因此联邦政府对帮助不同类型的学生进入适合的高校求学是力不从心的。

其次,虽然联邦政府对高中教育与高等教育衔接状况进行了一些全国范围内的调查,但是总体上来说,对高中教育与高等教育衔接项目实施状况的调查和评价结果,尤其是学者的自主性研究成果无法及时形成政策反馈,不能适时地优化政策以维系高中教育与高等教育衔接体系的有效运转。教育研究成果对联邦政策影响力弱化,造成政府在制定或调整政策时缺乏严谨和具有数据基础,失去理论指引。加上联邦政府受到各州政府和各方利益集团的压力影响,所进行的政策变革容易偏离初衷,无法达到预期的效果。因此,联邦政府在大学与中学衔接政策演进过程中出现摇摆不定的形象也就不奇怪了。

四、美国高中教育与高等教育衔接政策对我国的启示

我国的高中教育与高等教育衔接问题也一直存在,并且针对这一问题,各个院校、各级政府也采取了一些措施改变高中教育与高等教育衔接不畅的状况。比如,一些大学举办暑期夏令营开展大学与高中的合作,让高中生体验大学生活,学习大学的课程,希望能吸引优质的生源。有些高中与大学合作成立创新人才培养基地,大学根据合作中学的情况,将相关的学科或专业与中学课程对接,设立兴趣小组或特色班,并有针对性地对参与相关特色课程的学生进行培训。其本质就是大学提前争夺优秀生源的一种方式。一些大学也开始与中学进行课程合作,即大学为其所合作的中学的一些学有余力的学生开设一些通识课程,并对参与课程的学生

进行考核，考核通过者可以获得该大学的学分。"大学先修课程"也于2014年在全国64所中学开始试点授课。这些促进高中教育与高等教育衔接的举措显然是非常有益的实践尝试。但是，这些衔接措施大多在重点大学与重点高中实施，且常常是学校之间一对一的合作方式，主要面向成绩优异的学生。这就导致这些措施的覆盖面小，服务对象范围狭窄，从而无法实现高中教育与高等教育之间全面、有效的衔接。更糟糕的是，虽然提出这些措施的初衷是建立高中教育与高等教育的沟通渠道，但在实践中却仍受高考这一指挥棒的左右，从而沦为高校提前招生录取的途径。

长期以来，我国高中教育与高等教育有一个重要的相切点，就是高考。对中学而言，高考与升学率直接相关，因此高考成绩成为评价高中教育的唯一标准，高考取得高分就为学生升大学做了最好的准备，这就造成高中教育目标的窄化；对大学而言，中学存在的价值和意义仅在于输送高分生源。因此，从某种意义上来说，中国的高考绑架了高中课程设置和人才培养模式，以选拔代替衔接，从而阻碍了高中教育与高等教育之间的良性互动与合作。因此，如何实现我国高中教育与高等教育的有效衔接，探索高中教育与高等教育整体发展的路径是我国教育政策制定者亟须研究和解决的问题。从目前我国大学的实际情况来看，主要还是借鉴了美国大学的模式。上述我国开展的高中教育与高等教育衔接措施虽然发挥了一定的作用，但其影响力和效果均十分有限。究其原因，是在借鉴学习美国模式时只学到皮毛，并不知其精髓。所以，只有深入分析美国高中教育与高等教育衔接政策，理解其政策的本质特征才能为我国高中教育与高等教育实现良性衔接提供有益的参考。通过对美国高中教育与高等教育衔接政策的制定和发展过程进行全面的剖析，笔者认为我国可以从以下几方面借鉴美国的经验。

第一，构建多层次、多渠道的高中教育与高等教育衔接体系。目前我国高中教育与高等教育合作的模式主要面向比较优秀的学生，而对于普通学生，尤其是学术能力低的学生无法提供足够的支持，无法帮助他们选择适合的高校，从而做好升学准备。在美国，高中与大学之间形成了宽口径、多层次的衔接体系，其衔接内容丰富、形式多样且服务对象全面。从服务对象上看，不仅有面向优秀学生深度学习需求的 AP 课程，也有面向普通学生的双学分课程，还包括增加弱势群体学生接受高等教育机会的补救教育课程。从衔接内容上看，不仅有高中与普通高等教育的衔接，还有面向接受职业教育的学生所开展的"技术准备计划"，为这些学生从中等职业教育过渡到中学后教育，最后成功就业提供了一个行之有效的解决方案。多种类型的衔接模式关注了不同层次的学生的需求，从而能够更有效地促进高中教育与高等教育的紧密耦合。

第二，完善学生资助体系。随着我国高等教育规模迅速扩大，高等教育迈入大众化阶段。以前基本由政府包办的高等教育投资体制已经逐渐被政府、社会和受教育者共同承担教育成本的分担机制所取代。高等教育费用支出在家庭经济支出中所占的比重越来越大，部分家庭因无法承担孩子的教育费用而被迫让孩子放弃接受高等教育的机会。因此，学生资助体系的建立与完善直接关系到低收入家庭学生能否升入升学并顺利完成学业。目前，我国已经初步建立了以国家奖助学金、国家助学贷款、学费补偿贷款代偿、新生入学资助、勤工助学、校内奖助学金、困难补助、伙食补贴、学费减免等多元化的资助体系。但是，由于高校的大规模扩招，加上我国资助制度本身所存在的缺陷，如资助对象的认定标准模糊，经费来源单一，目前的资助体系仍无法满足学生的需求。学生资助政策是美国高中教育与高等教育衔接政策中比较常见的一种。美国联邦政府在过去几十年间通过一系列资助立法，逐步建立起结构完整、项目多样、运行高效的联邦政府学生资助体系。在资助对象方面，美国联邦政府针对不同目标群体采取不同的资助方式，如佩尔助学金主要面向家庭收入低于联邦教育部规定水平的学生；补充教育机会助学金面向经济特别困难的学生（获得佩尔奖学金仍需要经济支持的学生);斯塔福学生贷学金则面向所有经济资助需要的学生。联邦政府以法律形式制定公式,通过了解申请学生的个人和家庭信息,精确计算出家庭支付能力,比对大学的全部费用,最后确定资助对象和资助方式。在资金来源方面,虽然联邦政府的拨款是资助资源的最主要的部分,但各类慈善机构和私人资金占有相当的比例。尤其是美国资助体系下有税收优惠政策,企业通过捐助高校贫困生可以获得减税和免税,以及其他的一些政策优惠,因此资助体系中社会资金的参与度较高。

综上所述,我国可以借鉴美国高中教育与高等教育衔接政策的成功经验,通过健全资助体系的立法内容,完善衔接体系,量化资助对象的认定标准以及拓宽资助资金的筹集渠道以促成我国高中教育与高等教育之间的有机衔接。

第二节 研究的创新与不足

一、研究的理论创新

本书将公共政策理论中的多源流理论框架与渐进主义理论结合起来,依据这两种理论的互补性与耦合性对美国高中教育与高等教育衔接问题进行了全方位、深入研究。

多源流理论基于政府前决策过程视角重点研究美国高中教育与高等教育衔接问题是如何获得联邦政府关注,并被提上议事日程的;多种备选方案在政策"原汤"中如何形成的,是否具备幸存的条件;"政策之窗"何时开启,三股源流如何汇合,并最终促成政策的出台的。经分析可得,在美国高中教育与高等教育一直是两个相对独立的教育系统,故而两者之间的关系最初呈现衔接松散的状态;直至19世纪中后期,随着公立中学的发展以及高等教育体系内部的分化,高中教育与高等教育之间的联系增多,衔接有所加强,但此时美国社会尚处于精英教育时期,高中教育与高等教育的衔接仍然只是一个狭窄的通路,并未形成一个宽口的衔接的体系;进入20世纪,高中教育与高等教育的规模迅速扩大,初级学院的出现更为这两级教育系统的衔接增加了中间的加固环节,拓宽了衔接口径,形成具有鲜明的美国特色——多管道网状的高中教育与高等教育衔接体系。但是,高中教育与高等教育衔接上的问题是在二战后高中教育大众化背景下才凸显出来的,教育专家与政府研究小组对解决该问题提出了多种方案形成政策流,以总统为首的政府官员构成政治流,在约翰逊总统继任的政权更迭之际开启了"政策之窗",三流汇合,提案成功被推入了政府议程。因为美国三权分立的政治体制,权力机关相互制衡,因而造成政治流的形成漫长而艰难。在肯尼迪总统多次提案被国会否决之后,政治流的进程几乎停滞。而肯尼迪总统的意外遇刺,约翰逊总统危难之际接棒成为契机,约翰逊总统凭借其出色的政治能力推动政治流迅速与问题流和政策流汇合,将问题提上决策议程,国会通过其提案,"人才搜索"计划和学生支持服务计划出台。

经上述分析,美国高中教育与高等教育衔接政策议程过程基本符合多源流模型的轨迹,是三股源流在"政策之窗"开启时耦合的结果,其中社会背景因素(三大源流变化)、行动者因素(政策企业家的软化行动)对政策议程设置的影响在该案例中均得到验证,与多源流模型的内在逻辑保持一致。同时,多源流模型也为以往高中教育与高等教育衔接方案未进入决策议程提供了一种解释。在20世纪60年代之前,问题源流和政策源流虽得到一定的发展,但当时的政治源流并没有发生显著变化,也没有关键性事件引发政治源流的变化和"政策之窗"的打开,所以即使政策企业家曾经采取过相关的软化行动,三股源流的汇合的情况依然没有出现。经过几任美国总统的努力和推动,问题、政策与政治三大源流相比之前发展得更为成熟;政权的变化,肯尼迪总统的突然离世,全民惋惜悲痛的情绪加上约翰逊总统作为新的核心决策者的出色的政治能力和权威加快了原本平行流淌的三大源流的汇合,决策议程

第六章 结论与思考

得以设立。

在政策出台之后,联邦政府在推进政策改革的过程中坚持了渐进主义趋向,试错式解决问题与缓慢式缓解矛盾,通过持续的小步伐变革达到政治变迁的效果。每项具体措施在实施之后经过反馈都或多或少经历了调整修正的过程;并且随着社会外部环境的变化,新需求和矛盾的出现,联邦政府也不断地尝试采取新的措施来应对。因而,美国高中教育与高等教育衔接政策的变迁呈现出具体措施积少成多的态势。最初推行的"三元计划"历经半个多世纪从三个项目发展成了八个项目,目前仍然在为弱势学生群体服务;20世纪80年代开始实施的"技术准备计划"兼顾学术和职业教育的双重目标,承载着中学教育与高等职业教育衔接的任务,该计划则是随着《帕金斯法》的重新授权经历了两次调整实施至今;20世纪90年代,在"全国早期干预奖学金项目"基础上发展而来的"快速启动规划"弥补了"三元计划"在资助学生群体上的缺憾,将资助对象范围拓展到了中学阶段,并且从推行以来,向服务对象不断提出新要求以满足新的社会需求;进入21世纪,奥巴马政府将提升"大学与职业生涯准备度"视为高中教育与高等教育衔接的核心思想,在这种理念的驱动下,《共同核心州立标准》得以制定并发布,当然奥巴马政府通过"力争上游计划"的财政杠杆对该标准的推广实施给予了间接的大力支持。但是,在奥巴马的第二任期内,由于国家课程标准化趋势的弊端日益显现,奥巴马政府出台了《让每个孩子成功法案》,其中规定取消联邦政府对各州执行《共同核心州立标准》所采取的任何强制性或诱导性的措施。这也是联邦政府在新的形势下做出的政策上的反应,但这并不意味着《共同核心州立标准》的终结,相反这反映出联邦政府在推进高中教育与高等教育衔接政策改革上的谨慎,以及确保政策变革稳妥进行的态度。

通过对美国高中教育与高等教育衔接政策变迁的分析可得,多源流理论能够弥补渐进主义对备选方案进入政策议程最终成立这一变化无法描述的缺憾;而渐进主义对政策演变过程的解析也可以解决多源流理论对政策变迁过程缺乏解释力的无奈。因此，多源流理论与渐进主义理论相结合具备理论必要性，也具备理论可能性，所以将它们结合起来不仅能够更加全面、深入地对具体政策的出台和变迁进行研究，同时也为公共政策过程提供一种新的理论视角。

二、研究的不足及未来研究展望

本书虽然依据多源流理论和渐进主义理论对美国高中教育与高等教育衔接问题进行了较为翔实、深入的研究，但限于研究的时间、能够得到的材料，以及本人能力的限制，本书对于美国高中教育与高等教育衔接政策的研究远非全面和完善。完成全书之后，笔者认为可能在以下两个方面存在不足，简要叙述如下，并就未来进一步完善研究提出相关的设想。

首先，高中教育与高等教育的衔接所包括的内容广泛，本研究未能做全面探析。高中教育与高等教育衔接包含多方面的内容，具体来说体现在以下几个方面：学生、教师及管理者、教材、研究、课程以及财政政策上的互动关系。但是在本书中主要的关注对象是学生、教师、课程以及财政政策对美国高中教育与高等教育衔接政策的制定与发展所产生的影响，而对于教材和研究这两者的影响有所忽视。在今后的研究中，笔者将尝试对美国高中教育与高等教育衔接问题展开更加深入透彻的研究。

其次，针对高中教育与高等教育衔接的问题美国各级政府都出台了相应的政策，但本研究主要关注和解析了美国联邦政策。由于各州的教育状况差异很大，各州校本课程开发的情况迥异，因此各州实施的促进高中与大学的衔接的政策和项目也不尽相同。今后的研究可以某个州的高中教育与高等教育衔接政策为聚焦点进行个案研究，也可以将几个州的政策实施情况做比较研究，或是从联邦、州、地方政府和非营利组织四个层面全面深度剖析美国高中教育与高等教育衔接政策。

参考文献

一、英文文献

[1] NEAVE G. On articulating secondary school, Higher Education and 1992[J]. European journal of education, 1989(4): 351.

[2] Carnegie Commission on Higher Education. Continuity and discontinuity: higher education and the schools[M]. New York: McGraw-Hill Book Company, 1973: 3.

[3] NEWSOM C V. High school-college articulation [J]. The journal of educational sociology, 1956(5): 195-201.

[4] KNOL R C. School-college articulation: selected elements of high school guidance programs and their role in articulation [D]. University of Illinois at Urbana-Champaign, ProQuest Dissertations Publishing, 1971.

[5] PARNELL D. The neglected majority[M]. Washington, D. C.: Community College Press. 1985.

[6] North Carolina Department of Public Instruction (NCDPI). North Carolina high school to community college articulation agreement [EB/OL]. [2016-10-28]. http://www.ncpublicschools. org/docs/cte/publications/administrative/articulation agreement. pdf.

[7] DEMOTT J. Seven steps to articulation success[J]. High school magazine, 1999(6): 22-24.

[8] MORRISON D G. Articulation of the high school and the public community junior college in the United States[J]. Nassp bulletin, 1959, 43(248): 102-107.

[9] HOPKINS S E. Articulation between vocational and technical education programs governed by the Ohio Board of Regents and those programs governed by the Ohio Board of Education[D]. Ohio State University, 1984.

[10] MINOR K A. Assets and access: an examination of the transition from high school to college[D]. Boston. 2015.

[11] MCDILL E L, COLEMAN J. Family and peer influences in college plans of high school students[J]. Sociology of education, 1965(2): 112-126.

[12] CONLEY D. Toward a more comprehensive conception of college readiness [EB/OL]. [2016-3-8]. http://docs.gatesfoundation.org/documents/college readiness paper.pdf.

[13] CONLEY D. T. College and career ready: helping all students succeed beyond high school [M]. San Francisco: Jossey-Bass. 2010: 1-4.

[14] CLARK J M, HALPERN D F. The million dollar question: can an intensive learning experience help lowest-quartile students succeed in college? [J]. Journal of instructional psychology, 1993(1): 29-39.

[15] KLOPFENSTEIN K, THOMAS M K. The link between advanced placement experience and early college success [J]. Southern economic journal, 2009 (3): 873-891.

[16] KARP M M, CALCAGNO J C, HUGHES K L, JEONG D W, BAILEY T. The postsecondary achievement of

participants in dual enrollment: an analysis of student outcomes in two states [EB/OL]. [2016 - 1 - 1]. http://ccrc. tc. columbia. edu/media/k2/attachments/dual-enrollment-student-outcomes. pdf.

[17] MYERS D, SCHIRM A. The national evaluation of upward bound the short-term impact of upward bound: an interim report [EB/OL]. [2016 - 2 - 28]. Washington, D. C. : U. S. Department of Education, Office of the Undersecretary. http://files. eric. ed. gov/full text/ED414849. pdf.

[18] BAUSMITH J M, FRANCE M. The impact of GEAR UP on college readiness for students in low income schools[J]. Journal of education for students placed at risk, 2012(4): 234 - 246.

[19] GÁNDARA P, BIAL D. Paving the way to postsecondary education: K - 12 interventions for underrepresented youth [EB/OL]. (2001 - 02 - 05) [2016 - 4 - 6]. Washington, D. C. : National Center for Education Statistics. https://nces. ed. gov/pubs2001/2001205. pdf.

[20] SCHULTZ J L, MUELLER D. Effectiveness of programs to improve postsecondary education enrollment [EB/OL]. [2016 - 2 - 20]. https://em. rutgers. edu/REIS/docs/default-source/college-access-and-success/effectiveness-of-programs-to-improve-postsecondary-education-enrollment—a-literature-review. pdf? sfvrsn=2.

[21] MIYAKAWA T. The science of public policy: evolution of policy sciences[M]. London: Routledge, 1999: 29.

[22] SHARKANSKY I. Public administration: policy-making in government agencies[M]. Chicago: Rand Mcnaly College Publishing Company, 1978: 6.

[23] SIEGEL R I, WINBERG L R. Comparing public policies: United States, Soviet Union and Europe[M]. The Dorsey Press, Homewood, Illinois:1977: 3.

[24] EYESTONE R. The threads of public policy: a study in policy leadership[M]. Indianapolis, Indiana: Bobs-Marril, 1977:18.

[25] DYE T. Understanding public policy[M]. Prentice-Hall, New Jersey: Eaglewood Cliffs, 1972:18.

[26] FRIEDRICH C J. Man and his government[M]. New York: McGraw-Hill, 1969:79.

[27] STARLING G. Strategies for policy making[M]. Chicago: The Dorsey Press, 1988.

[28] ANDERSON J E. Cases in public-making[M]. New York: Praeger Publishers, 1976: 4.

[29] ROSE R. (ed.) Policy making in Great Britain [M]. London: Macmillan, 1969.

[30] NAGEL S S. Policy studies across the social sciences[J]. Policy Studies Journal, 1992(3): 499-502.

[31] QUADE E S. Analysis for public decision[M]. New York: Elsevier Science Publishing Co., Inc., 1989: 4-5.

[32] DUCAN MACRAE J. Concepts and methods of policy analysis[J]. Society, 1973(6):17-23.

[33] PATTON C V, SAWICKI D S. Basic method of policy analysis & planning[M]. Englewood Cliff, New Jersey: Pretice-Hall Inc., 1986: 19-20.

[34] WEIMER D L, VINING A K. Policy analysis: concept and practice[M]. Englewood Cliff, New Jersey: Pretice-Hall Inc., 1992: 1.

[35] HOWLETT M, RAMESH M. Studying public policy:

policy cycles and policy subsystems[M]. London: Oxford University Press, 1995:137.

[36] HERBST J. The once and future school[M]. New York: Routledge. 1996:37.

[37] BEALE A V. The evolution of college admission requirements [J]. The national ACAC journal, 1970(3): 20 - 22.

[38] BRIER E. Bridging the academic preparation gap: an historical view[J]. Journal of developmental education, 1984(1): 2 - 5.

[39] BOSSING N L. The problem of articulation between secondary and higher education [J]. The high school journal, 1941 (4): 157 - 164.

[40] VANOVERBEKE M A. The standardization of American schooling: linking secondary and higher education, 1870 - 1910[M]. New York: Palgrave Macmillan, 2008: 64.

[41] VANOVERBEKE M A. The standardization of American schooling: linking secondary and higher education, 1870 - 1910[M]. New York: Palgrave Macmillan, 2008: 56.

[42] STANIC G A. Mental discipline theory and mathematics education[J/OL]. [2015 - 10 - 10]. http://www.flm-journal.org/Articles/6F9A84FC509C2D73F45435A001FB0.pdf.

[43] Some Noteworthy Efforts toward Economy of Time[J]. School Life, 1924(7):155.

[44] PERKINSON H J. Two hundred years of American educational thought [M]. Boston: University press of America, 1976: 151 - 152.

[45] National Educational Association (U. S.) Committee of Ten on secondary school studies. Report of the committee of ten on secondary school studies [R]. Washington

Printing Office, 1893:17.

[46] HILL F A. The report of the Committee of Ten, sixty-fourth annual meeting of the American Institute of Instruction: lectures, discussions and proceedings [M]. Boston: the Institute, 1894: 174.

[47] VANOVERBEKE M A. The standardization of American schooling: linking secondary and higher education, 1870 - 1910[M]. New York: Palgrave Macmillan, 2008:138.

[48] NIGHTINGALE A F. The Committee on College Entrance Requirements: Report of the chairman [J]. The social review, 1897 (6):321.

[49] National Education Association of the United States. Special report of Committee on College Entrance Requirements[J]. Journal of proceedings and addresses of the thirty-eighth annual meeting held at Los Angeles, California, 1899: 632 - 677.

[50] VANOVERBEKE M A. The standardization of American schooling: linking secondary and higher education, 1870 - 1910[M]. New York: Palgrave Macmillan, 2008: 168.

[51] GRAY A A. The junior college [M]. University of California Libraries, 1915: 96 - 97

[52] MCDOWELL F M. The junior college[M]. Charleston SC: Nabu Press, 2010: 19, 39.

[53] ZOOK G F. The junior college[J]. The school review, 1922 (8): 574 - 583.

[54] The United States Bureau of Education. Report of the Commissioner of Education for 1912[EB/OL]. [2016 - 8 - 16]. https://babel. hathitrust. org/cgi/pt? id = umn. 31951000865106g;view=1up;seq=127 2016 - 1 - 18.

[55] VANOVERBEKE M A. The standardization of American schooling: linking secondary and higher education, 1870 - 1910[M]. New York: Palgrave Macmillan, 2008: 19.

[56] DEXTER E G. Ten years' influence of the report of the Committee of Ten[J]. The school review, 1906(4): 254 - 269.

[57] PROSSER C A. Secondary education and life [M]. Cambridge, MA: Harvard University Press, 1939: 2.

[58] TYLER R W. Reflecting on the eight-year study[J]. Journal of thought, 1986(1): 15.

[59] ANGUSD L, MIREL J E. The Failed Promise of the American High School, 1890 - 1995 [M]. New York: Teachers College Press, Columbia University, 1999: 4.

[60] LIPKA R P, LOUNSBURY J H, VARS C F, et al. The eight-year study revisited: lessons from the past for the present[M]. Columbus, OH.: National Middle School Association, 1998:21.

[61] AIKIN W M. The story of the eight-year study: with conclusions and recommendations. in adventure in American Education[M]. New York: Harper & Brothers, 1942:116.

[62] KLIEBARD H M. Changing course: American curriculum reform in the 20th century [M]. New York: Teachers College Press, 2002: 56.

[63] HOFSTADTER R. Anti—intellectualism in American life [M]. New York: Vintage, 1966:356.

[64] ROTHSCHILD E. Four decades of the advanced placement program[J]. The history teacher, 1999(2): 175 - 206.

[65] BLACKMER A R, BRAGDON H W, BUNDY M,

HARBISON E H, SEYMOUR C, TAYLOR W H. General education in school and college: a committee report by members of the faculties of Andover, Exeter, Lawrenceville, Harvard, Princeton, and Yale[M]. Harvard University Press, 1952:2.

[66] LUO S M. The effects of advanced placement and international baccalaureate programs on student achievement [EB/OL]. [2016 - 5 - 1]. https://scholarworks. csustan. edu/bitstream/handle/011235813/109/LuoS. Spring %202013. pdf? sequence=1.

[67] ARENDALE D R. Then and now: the early years of developmental education [J]. Research and teaching in developmental education, 2002,18(2): 5 - 23.

[68] The history of open admissions and remedial education at the City University of New York[R]. [2015 - 10 - 28]. http://www. nyc. gov/html/records/rwg/cuny/pdf/history. pdf.

[69] SOMERVILLE J A. The shaping of the American community college mission [J]. Community college moment, 2005(5): 7 - 13.

[70] STICKLER L. A critical review of the SAT: menace or mild-mannered measure? [J]. TCNJ journal of student scholarship, 2007(9): 1.

[71] LEMANN N. The great sorting[J]. Atlantic monthly, 1995(276): 84.

[72] BAILEY M J, DANZIGER S (ed.). Legacies of the war on poverty [M]. New York: Russell Sage Foundation, 2013: 98.

[73] SPRING J. The American school, 1642 - 2004[M]. New York: The McGraw-Hill Companies, Inc., 2005: 391 - 392.

[74] U. S. Department of Commerce, Bureau of the Census. The social and economic status of the black population in the United States: a historical review 1790 – 1978[M]. Washington, D. C. : U. S. Government Printing Office, 1979: 25, 31, 69.

[75] BRADBURY K L. Urban decline and the future of American cities[M]. Washington, D. C. : The Brookings Institution, 1982:76.

[76] CARMICHAEL S, HAMILTON C V. Black power: the politics of liberation in America [M]. New York: 1965: 157.

[77] United States Census Bureau. 1960 Census of population: educational attainment: data on years of school completed by age, ethnic origin, occupation, income, etc. [EB/OL]. [2016 – 3 – 9]. https://www2. census. gov/library/publications/decennial/1960/population-volume – 2/41927945v2p5a – 5cch3. pdf.

[78] REARDON S F. The widening academic achievement gap between the rich and the poor: new evidence and possible explanations [D/OL]. Stanford: Stanford University, 2011 [2016 – 5 – 8]. https://cepa. stanford. edu/sites/default/files/reardon％ 20whither％ 20opportunity％ 20-％ 20chapter％ 205. pdf.

[79] HUMBER C J. Dad's best memories and recollections[M]. Victoria, BC, Canada: Friesen Press, 2016: 200.

[80] HEIDLER D S, HEIDLER J T. Daily lives of civilians in wartime modern America: from the Indian Wars to the Vietnam War [M]. Westport, Connecticut: Greenwood Press. 2007: 153 – 154.

[81] REILLY K O'. The 1960s and the Vietnam War [M]. Culver City, CA: Social Studies School Service, 2007: 95.

[82] Salaries and Fringe Benefits [EB/OL]. [2016 - 2 - 2]. http://repository. upenn. edu/cgi/view content. cgi? filename=8&article=1007&context=penn_history&type =additional.

[83] GOLDSTEIN D. The teacher wars: a history of America's most embattled profession [M]. New York: Doubleday, 2014:100.

[84] CLOTFELTER C T, EHRENBERG R G, GETZ M, et al. Economics challenges in higher education [M]. Chicago: University of Chicago Press, 1991:357.

[85] FRANKLIN B M, MCCULLOCH G. The death of the comprehensive high school? [M]. New York: Palgrave Macmillan, 2007: 34.

[86] EISENHOWER D D. Special message to the Congress on Education [EB/OL]. [2016 - 2 - 16]. http://www. presidency. ucsb. edu/ws/? pid=11207.

[87] O'HARA W T, John F. Kennedy on education[M]. New York: Teachers College Press, 1966: 24.

[88] KENNEDY J F. Special message to the Congress on Education [EB/OL]. [2016 - 1 - 12]. http://www. presidency. ucsb. edu/ws/? pid=8433.

[89] KENNEDY J F. Special message to the Congress on Education [EB/OL]. [2016 - 3 - 19]. http://www. presidency. ucsb. edu/ws/? pid=9487.

[90] JOHNSON L B. The vantage point: perspective on the presidency (1963-1969) [M]. New York: Holt, Rinchart and Winston, 1971:19.

[91] KAPLAN G. Hail to a chief or two: the indifferent presidential record [J]. The Phi delta kappan, 1984(1): 7.

[92] ROZBICKA P, SPOHR F. Interest groups in multiple streams: specifying their involvement in the framework[J]. Policy sciences, 2016(1): 55 – 69.

[93] SUNDQUIST J I. Politics and policy: the Eisenhower, Kennedy, and Johnson years [M]. Washington, D. C.: Brooking Institution, 1968: 189.

[94] BLOLAND H G. ASHE higher education report No. 2. Washington, D. C.: association for the study of higher education[R]. Associations in action: The Washington, D. C., Higher Education Community. 1985: 37 – 47

[95] CONANT J B. The mission of American universities[J]. Harvard alumni bulletin, 1938(25): 569 – 570.

[96] CONANT J B, MARGENAU H. Education in a divided world[J]. Physics today, 1948(1): 27.

[97] CONANT J B. General education in a free society [M]. Cambridge, Massachusetts: Harvard University Press, 1950: 89 – 90, 100, 102.

[98] HERBST J. The once and future school[M]. New York: Routledge, 1996:188.

[99] TG Research and Analytical Services. Opening the doors to higher education: perspectives on the Higher Education Act 40 years later [EB/OL]. [2016 – 2 – 19]. https://www.tgslc.org/pdf/HEA_History.pdf.

[100] SMITH R. A triumph of statesmanship: senator Wayne Morse delivers federal aid for education [M]. Oregon: University of Oregon Eugene, 2011: 21.

[101] KINGDON A. Alternatives and public policies [M].

London: Longman, 1995: 122, 165.

[102] BERUBE M R. American presidents and education [M]. New York: Greenwood Press, 1991: 34.

[103] GROUTT J. Milestones of TRIO history, Part I [J]. Opportunity outlook, 2003(1): 21-27.

[104] WHITE C, SAKIESTEWA N, SHELLEY C. TRIO: The Unwritten Legacy [J]. The journal of Negro education, 1998(41): 444-454.

[105] BLANCHARD B E. Curriculum articulation between the college of liberal arts and the secondary school. a national survey[M]. Chicago, IL: School of Education, DePaul University. 1971: 8-19.

[106] Carnegie Commission on Higher Education. Continuity-discontinuity: higher education and the schools[M]. New York: McGraw-Hill Book Company, 1971:2.

[107] Carnegie Commission on Higher Education. Continuity-discontinuity: higher education and the schools[M]. New York: McGraw-Hill Book Company, 1971: 81.

[108] Carnegie Commission on Higher Education. Continuity-discontinuity: higher education and the schools[M]. New York: McGraw-Hill Book Company, 1971: 80.

[109] WECHSLER H S. Access to success in the urban high school: the middle college movement[M]. New York: Teachers' College Press, 2001: 94.

[110] HÉBERT L. A comparison of learning outcomes for dual-enrollment mathematics students taught by high school teachers versus college faculty [J]. Community college review, 2001 (3): 22-38.

[111] ELLIOTT-JOHNS S E, JARVIS D H. (ed.)

Perspectives on transitions in schooling and instructional practice[M]. Toronto: University of Toronto Press, 2013: 417.

[112] TOBOLOWSKY B F, ALLEN T O. On the fast track: understanding the opportunities and challenges of dual credit[M]. San Francisco: Jossey-Bass, 2016: 21.

[113] NCES. Dual enrollment programs and courses for high school students at postsecondary institutions: 2010 - 2011 [EB/OL]. [2016 - 1 - 1]. https://nces.ed.gov/pubs2013/2013002.pdf.

[114] NCES. Dualcredit and exam-based courses in U.S. public high schools 2010 - 2011 [EB/OL]. [2016 - 1 - 1]. https://nces.ed.gov/pubs2013/2013001.pdf.

[115] Education commission of the States. 50 - Statecomparison dual enrollment: statewide policy in place [EB/OL]. (2016 - 03) [2016 - 6 - 6]. http://ecs.force.com/mbdata/MBQuestRTL? Rep=DE1510.

[116] Education commission of the States. 50 - Statecomparison dual enrollment: how states funds participating high schools [EB/OL]. [2016 - 6 - 6]. http://ecs.force.com/mbdata/MBQuestRTL? Rep=DE1501.

[117] U.S. Department of Education. Department of Education Launches Experiment to Provide Federal Pell Grant Funds to High School Students Taking College Courses for Credit[EB/OL]. (2015 - 10 - 30) [2016 - 3 - 8]. http://www.ed.gov/news/pressreleases/fact-sheet-department-education-launches-experiment-provide-federal-pell-grant-funds-high-school-students-taking-college-courses-credit.

[118] HOFFMAN N, VARGAS J. A policymaker's guide to

early college designs [EB/OL]. [2016 - 2 - 16]. http://files. eric. ed. gov/fulltext/ED520109. pdf.

[119] LOWE A. New federal education law encourages growth in dual and concurrent enrollment programs [EB/OL]. (2015 - 12 - 12) [2016 - 2 - 22]. http://www. nacep. org/essa-encourages-dual-and-concurrent-enrollment/.

[120] U. S. Department of Education. Anation at risk [EB/OL]. [2016 - 1 - 20]. https://www2. ed. gov/pubs/NatAtRisk/risk. html.

[121] ROSENBAUM J E. Preconditions for effective school-work linkages in the Unite States. In Stern D. and Wagner D. A. (eds.) International Perspective on the school-to-work transition [M]. New Jersey: Hampton Press. 1999:503.

[122] VAUGHAN G B. An essay review: Dale Parnell's the neglected majority [J]. Community college review, 1985, 13(3): 4 - 8.

[123] HERSHEY A M, SILVERBERG M K, OWENS T, HULSEY L K. Focus for the future: the final report of the National Tech-Prep evaluation [R/OL]. [2016 - 2 - 20]. http://www. mathematica-mpr. com/~/media/publications/PDFs/Tech. pdf.

[124] U. S. Department of Education. Carl D. Perkins career and technical education act of 2006 [EB/OL]. [2016 - 1 - 8]. http://www. ed. gov/policy/sectech/leg/perkins/index. html#memo.

[125] U. S. Bureau of the Census. Current population reports, series p - 60, no. 175, poverty in the United States:1990 [M]. Washington, D. C.: U. S. Government Printing

Office,1991: 1.

[126] TIERNEY W G, HAGEDORN L S. Increasing access to college: extending possibilities for all students[M]. New York: State University of New York Press, 2002: 19.

[127] U. S. Department of Education. The Amendment of 1998 Higher Education[EB/OL]. [2016-1-15]. http://www.ed.gov/policy/highered/leg/hea98/sec403.html.

[128] U. S. Department of Education. NCLB Stronger accountability: testing for results helping families, schools and communities understand and improve student achievement [EB/OL]. [2016-2-11]. http://www2.ed.gov/nclb/accountability/ayp/testingforresults.html.

[129] CONLEY D T. Getting ready for college, careers, and the Common Core [M]. San Francisco: Jossey-Bass, 2013: 37, 171-175.

[130] POLIKOFF M S. Common Core standards assessments: challenges and opportunities [EB/OL]. [2016-2-15]. https://www.americanprogress.org/wp-content/uploads/2014/04/CCCAssessments-report.pdf.

[131] Department of Education. Race tothe top: college affordability and completion [EB/OL]. https://www2.ed.gov/about/overview/budget/budget13/justifications/t-rtt.pdf, 2016-2-16.

[132] CAVE A. Is Common Core no more? [EB/OL] (2016-02-29)[2016-10-08]. http://www.politifact.com/arizona/statements/2016/feb/29/john-mccain/common-core-no-more/.

[133] ADELMAN C. Answers in the tool box: academic intensity, attendance patterns, and Bachelor's degree

attainment[M]. Washington, D. C.: U. S. Dept. of Education Office of Educational Research and Improvement, 1999.

[134] DAUN-BARNETT N J. Access to college: a reconsideration of the national education longitudinal study (NELS)[J]. Educational policy, 2013(1): 3-32.

[135] The New York Times Editorial Board. Moving ahead with Common Core[N/OL]. (2013-04-21)[2016-4-11]. http://www.nytimes.com/2013/04/21/opinion/sunday/moving-ahead-with-common-core.html?_r=0.

二、中文文献

[1] 张弦,马勇军.近十年有关教育衔接研究的硕博论文[J].吉林省教育学院学报,2015(4):13-15.

[2] 周世厚.美国中等教育与高等教育衔接的多维解析[J].外国教育研究,2015(7):14-29.

[3] 黎聚才、罗生全.美国高中至大学的过渡政策探析[J].教育发展研究,2011(21):47-51.

[4] 杨奕枫.美国中学与大学衔接政策变革与特色探析[J].中国高教研究,2015(2):69-74.

[5] 张晓玲.美国P-16教育改革政策的研究——K-12与高等教育的衔接[D].北京:北京师范大学,2005.

[6] 谭娟.独具特色的美国高中课程改革——高中—大学双学分课程模式评析[J].外国教育研究,2006(7):45-48.

[7] 李玲玲.学院高中课程:美国衔接中学与中学后教育的策略[J].外国教育研究,2014(7):11-18.

[8] 郭志明.从美国"高考"看高中与大学的衔接[J].外国中小学教育,2015(8):11-16.

[9] 杨捷.中学与大学关系的重构——美国"八年研究"初探[D].

上海:华东师范大学,2006.

[10] 綦春霞,周慧.高中教育与大学教育的衔接:国际经验与本土实践[J].教育学报,2014(4):26-33.

[11] 乔连全,李玲玲.中美比较:中学与大学衔接断裂的原因及对策[J].江苏高教,2011(5):80-82.

[12] 龚雪,余秀兰.美国高中与大学衔接的经验及对我国的启示[J].教育科学,2015(1):90-96.

[13] 伍启元.公共政策[M].香港:商务印书馆(香港)有限公司,1989:4.

[14] 朱志宏.公共政策[M].台北:三民书局,1991:19.

[15] 刘斌,王春福.政策科学研究(第一卷)[M].北京:人民出版社2000:90.

[16] 桑玉成,刘百鸣.公共政策学导论[M].上海:复旦大学出版社,1991:3.

[17] 张金马.政策科学导论[M].北京:中国人民大学出版社,1992:9.

[18] 陈振明.政策科学原理[M].厦门:厦门大学出版社,1993:43.

[19] 陈振明.政策分析的基本因素[J].管理与效益,1997(1):9-10.

[20] 威廉·N.邓恩.公共政策分析导论[M].北京:中国人民大学出版社,2011:2.

[21] 杰伊·D.怀特,盖·B.亚当斯.公共行政研究——对理论与实践的反思[M].北京:清华大学出版社2005:34.

[22] 翁福元.教育政策社会学:教育政策与当代社会思潮之对话[M].台北:台湾五南图书出版股份有限公司,2015:104-105.

[23] 张金马.公共政策分析:概念·过程·方法[M].北京:人民出版社,2004:127.

[24] 曾令发.政策溪流:议程设立的多源流分析[J].理论探讨,2007(3):136-139.

[25] 陈建国.金登"多源流分析框架"述评[J].理论探讨,2008:125.

[26] 曹炎申.美国教育[M].上海:商务印书馆,1937.

[27] 曹春春.耶鲁报告解读[J].淮北职业技术学院学报,2013(1):73-74.

[28] 张斌贤,李曙光,王慧敏.揭开美国中等教育改革的序幕:《十人委员会报告》发表始末[J].外国教育研究,2015(1):3-19.

[29] 李政云.20世纪初CFAT对美国高等教育发展的影响与启示[J].湖南师范大学教育科学学报,2007(4):47-52.

[30] 许庆豫.高等教育制度创新模式:美国的案例分析[J].高等教育研究,2009(12):24-33.

[31] 亚瑟·科恩.美国高等教育通史[M].北京:北京大学出版社,2010:92,102.

[32] 马骥雄.战后美国教育研究[M].南昌:江西教育出版社,1991:10.

[33] 韩骅.20世纪美国普通教育中的质量问题[M].湖北大学学报(哲学社会科学版),1999(6):83-88.

[34] 李玲玲.进阶先修课程:美国衔接中学与中学后教育的策略[J].比较教育研究,2015(1):47-52

[35] 亚瑟·科恩.美国高等教育通史[M].北京:北京大学出版社,2010:93.

[36] 梅孜.美国总统国情咨文选编[M].北京:时事出版社,1994:313-314.

[37] 约翰·W.金登.议程、备选方案与公共政策[M].北京:中国人民大学出版社,2004:186.

[38] 雷鼎国.美国教育制度[M].台北:台湾中华书局印行,

1970:82.

[39] 德怀特·D.艾森豪威尔.艾森豪威尔回忆录·缔造和平(1956—1961):第1卷[M].静海,译.北京:三联书店,1978:157.

[40] 戴维·杜鲁门.政治过程[M].陈尧,译.天津:天津人民出版社,2005:37.

[41] 王璞,李玲玲.技术准备计划:美国衔接中学与中学后教育的策略[J].比较教育研究,2012(6):62-66

[42] 石伟平.STW:世纪之交美国职业教育改革与发展策略的抉择[J].全球教育展望,2001(6):71-76.

[43] 胡曙光.对美国贫富差距的思考[J].高校理论战线,1998(3):45

[44] 匡冬平.美国政府斥资7500万美元资助Gear Up项目[J].世界教育信息,2014(13):74

[45] 陈时见,赫栋峰.美国高中课程改革的发展趋势[J].比较教育研究,2011(5):1-5.

[46] 侯威.美国竞争力计划——布什政府科研与教育发展新蓝图[J].外国中小学教育,2006(6):7-8.

[47] 傅林.从《2009美国复苏与再投资法案》看奥巴马时代的美国教育改革动向[J].比较教育研究,2010(4):57-62.

后　记

　　书稿终于校改完毕,此刻距我博士毕业已经整整两年了。本书是在我博士学位论文的基础上修改完成的,算上读博的八年,一本书承载着我人生中十年的回忆。
　　回想当初我在键盘上敲完论文最后一个字符的时候,并没有想象中那样的如释重负,而是不知不觉中流泪了,就这样我呆呆地坐在那里许久,都没有缓过神来。我从来没有想过完成我的博士论文需要花整整八年的时间,因为八年,对人的一生来说并不是短暂的时光。这八年里我经历了换题的纠结与痛苦,但更多的是学习和成长。
　　首先,我要致谢我的恩师,王运来教授。九年前,初见王老师,他深邃的眼神和亲切的笑容一下子让我没有了紧张的感觉。当我战战兢兢地问他,像我这样虽是英语专业但对教育学感兴趣的学生能否投到他门下学习？他淡淡一笑,对我说,他的师门一直是敞开的,但我要努力,认真备考。正是因为这句话,我花了一年的时间准备,最终有幸成为王老师的学生。在读博的这八年里,王老师一直在支持和鼓励我,让我倍感温暖。尤其是在论文开题阶段,王老师对我选题的认可给了我莫大的信心。在我撰写论文期间,和王老师的每次谈话都让我受益匪浅,有如拨云见日的感觉,也正是这一次又一次地点拨和指导,让我可以最终顺利完成论文。
　　其次,我要感谢我的父母。作为第一代的独生子女,从小在父母的呵护中长大,爸爸妈妈是我精神上最大的支柱。在我读博期间,爸爸妈妈一直陪伴在我身边,几乎包揽了所有家务,帮我照顾孩子,使我能腾出精力和时间去学习。正所谓父爱如山,母爱如水,他们在本该颐养天年的时候为我放弃了自己安逸的生活,为我奔忙,所以内心很感恩他们对我的付出,也觉得亏欠他们太多,此生无以为报。

我还要致谢我的先生。在我对论文选题感到迷茫和困惑的时候,他的宽慰让我可以整理好心情,继续前行。在论文的攻坚阶段,也是我最焦虑的时期,他陪我出国度假缓解压力。他说他是我永远的拥趸,他的确用行动践行他的承诺,而我也是由衷感激!

我更要致谢我的宝贝。这八年,他从牙牙学语的孩童长成和我一般高的少年,每一刻的光阴都是如此珍贵,他的陪伴让我的人生完整、完美。他的一句句,妈妈你要加油!让我如同打了鸡血一般,内心变得无比强大。

最后,我要致谢给予我关心和帮助的同学。这八年,除了学业,我也收获了弥足珍贵的友情。我是非教育学专业背景,所以在做教育学研究时常常有很多疑问,黄成亮、刘海燕和朱敏总是耐心地为我答疑解惑。尤其是黄成亮更是费心地帮我审稿,提出修改意见,和我讨论,让我获益良多。感恩我的这些同学兼好友!

需要致谢的人太多,一篇短短的后记远无法将所有帮助我,扶持我和陪伴我的师长学友一一枚举。总之,感谢给我鼓励、勇气和力量的每一个人,祝福!

杨奕枫
2019 年 10 月